轨道车辆生产企业产品生产过程管理优化研究

车延超　杨进华／著

吉林科学技术出版社

图书在版编目（CIP）数据

轨道车辆生产企业产品生产过程管理优化研究 / 车延超，杨进华著. -- 长春：吉林科学技术出版社，2021.5
　ISBN 978-7-5578-8197-9

Ⅰ. ①轨… Ⅱ. ①车… ②杨… Ⅲ. ①轨道车－机车车辆工业－工业企业管理－生产管理－研究 Ⅳ. ①F407.472

中国版本图书馆CIP数据核字(2021)第109954号

轨道车辆生产企业产品生产过程管理优化研究

著	车延超　杨进华
出 版 人	宛　霞
责任编辑	赵　沫
助理编辑	郑　旭
封面设计	雅硕图文工作室
制　　版	雅硕图文工作室
幅面尺寸	185 mm×260 mm
字　　数	230千字
印　　张	10.5
	1-1500册
版　　次	2021年5月第1版
印　　次	2022年5月第2次印刷

出　　版	吉林科学技术出版社
发　　行	吉林科学技术出版社
地　　址	长春市净月区福祉大路5788号
邮　　编	130000
发行部电话/传真	0431-81629529　81629530　81629531
	81629532　81629533　81629534
储运部电话	0431-86059116
编辑部电话	0431-81629518
印　　刷	保定市铭泰达印刷有限公司

书　号　ISBN 978-7-5578-8197-9
定　价　48.00元
如有印装质量问题　可寄出版社调换
版权所有　翻印必究　举报电话：0431-81629510

目 录

第1章 前　言 ……………………………………………………………… 1
 1.1 研究背景 …………………………………………………………… 1
 1.2 国内外研究现状 …………………………………………………… 3
 1.3 主要研究内容 ……………………………………………………… 4

第2章 轨道车辆设计管理优化 …………………………………………… 6
 2.1 轨道交通车辆的构成及其特点 …………………………………… 6
  2.1.1 轨道交通车辆的类型、特点和系统组成 …………………… 6
  2.1.2 某市轨道交通1号线一期工程车辆概况 …………………… 8
 2.2 车辆优化设计过程管理方法 ……………………………………… 16
  2.2.1 车辆项目计划制定的过程优化 ……………………………… 17
  2.2.2 车辆设计时间节点优化 ……………………………………… 21
  2.2.3 车辆优化设计措施的过程管理 ……………………………… 22
 2.3 车辆优化设计方案管理的关键措施 ……………………………… 28
  2.3.1 车辆优化设计方案管理的理念和思路 ……………………… 28
  2.3.2 车辆优化设计方案管理的措施 ……………………………… 31
  2.3.3 车辆优化设计方案管理的结果验证 ………………………… 47

第3章 轨道车辆生产存货成本管理 ……………………………………… 57
 3.1 轨道车辆生产成本控制的理论分析 ……………………………… 57
  3.1.1 机车制造企业存货成本控制的"老三论"分析 …………… 57
  3.1.2 机车制造企业的存货成本控制目标 ………………………… 60
  3.1.3 机车制造企业存货成本控制的基本程序与方法 …………… 61
 3.2 存货成本管理现状分析 …………………………………………… 63
  3.2.1 公司概况 ……………………………………………………… 63
  3.2.2 公司主要特点及对存货成本控制的影响 …………………… 65
  3.2.3 公司存货成本控制现状 ……………………………………… 68

3.3 存货成本管理存在的问题 …… 71
3.3.1 存货核算中存在的问题 …… 72
3.3.2 存货成本信息管理中存在的问题 …… 74
3.3.3 存货内部控制中存在的问题 …… 74
3.3.4 存货相关管理环节存在的问题 …… 76
3.4 提升存货成本管理的相关建议 …… 77
3.4.1 加强财务核算的准确性和控制力 …… 77
3.4.2 进一步强化信息技术优化的支撑作用 …… 79
3.4.3 切实加强内部控制以减少存货管理漏洞 …… 80
3.4.4 通过协同努力实现存货总成本最小化 …… 81
3.4.5 加强存货成本控制人才队伍建设 …… 81

第4章 轨道车辆生产项目成本管理 …… 83
4.1 轨道车辆项目成本管理相关理论 …… 83
4.1.1 项目成本管理理论 …… 83
4.1.2 轨道车辆制造企业项目成本管理及特点 …… 84
4.1.3 轨道车辆制造企业项目成本管理现状分析 …… 87
4.2 轨道车辆生产项目成本核算 …… 91
4.2.1 采用作业成本法核算的可行性 …… 91
4.2.2 成本核算方法优化设计 …… 94
4.3 轨道车辆A项目成本管理现状分析 …… 100
4.3.1 A轨道车辆项目 …… 101
4.3.2 A轨道车辆项目成本管理的问题 …… 101
4.3 轨道车辆A项目成本管理的优化 …… 104
4.3.1 原材料定额成本管理优化 …… 105
4.3.2 工时定额成本管理优化 …… 108
4.3.3 资源配置的优化 …… 112
4.4 轨道车辆项目成本管理实施策略 …… 115
4.4.1 原材料成本优化管理的实施 …… 115
4.4.2 工时成本优化管理的实施 …… 116
4.4.3 基于成本管理的资源合理配置 …… 117
4.4.4 生产过程成本优化管理的实施 …… 118

4.4.5　完善项目收尾工作 …………………………………………… 122
第5章　轨道车辆生产内部控制体系优化 ………………………………… 124
　5.1　内部控制体系相关理论 …………………………………………… 124
5.1.1 企业内部控制制度背景 …………………………………………… 124
　5.2　内部控制体系现状及存在的问题 ………………………………… 125
　　5.2.1　公司概况 …………………………………………………… 125
　　5.2.2　公司内部控制体系现状 …………………………………… 128
　　5.2.3　公司内部控制体系存在的问题 …………………………… 130
　　5.2.4　公司内部控制体系存在问题的原因分析 ………………… 131
　5.3　内部控制体系的优化 ……………………………………………… 132
　　5.3.1　公司内部控制体系优化的要求 …………………………… 132
　　5.3.2　公司内部控制体系优化的实施 …………………………… 133
　　5.3.3　公司内部控制体系优化的保障措施 ……………………… 147
参 考 文 献 …………………………………………………………………… 155

第1章 前　　言

1.1　研究背景

在经济发展全球化的背景下，世界各国纷纷加大基础设施建设投入，以增强综合竞争力。作为基础设施建设的重要领域，轨道交通以运量大，速度快，能耗小，全生命周期成本低等优势，成为各国主要城市全力发展的对象，因此轨道交通也被称为"现代城市的大动脉"。伴随世界经济的持续发展，城市轨道车辆的需求不断增加，全球客户的个性化需求也在不断增加。城市轨道客车产品自身的性价比已经不再是取得市场的唯一要素，车辆设计、车辆生产项目成本、车辆生产存货成本、车辆生产内部控制体系，逐渐成为衡量企业综合实力的重要指标。在新技术、新思维如雨后春笋般不断出现的环境下，企业多年累积的管理思路很难再适应企业和市场的发展。并且，在一切组织的活动中，管理是其中十分重要的一个部分，人类的管理活动是伴随着人类实践活动的需要而产生和发展起来的。管理理论的产生，是人类逐渐积累的系统化管理知识，并用来指导实践活动。因此，在当前激烈的市场竞争环境下，尤其是企业不断国际化的进程中，不断加强和优化轨道车辆生产企业产品生产过程管理，具有十分重要的理论意义和现实价值。

首先，在车辆总体方案设计和详细技术方案设计阶段，如何加强优化设计的过程管理和如何采取关键措施来进行优化设计方案管理尤为重要。据相关部门调研结果，表明城市轨道交通是所有交通方式中最绿色环保的交通方式。所以在车辆设计管理阶段针对可以实现减重、降耗的因素进行优化设计，进一步降低车辆自重及制动系统能量反馈利用是本行业研究的重要方向，具有重要现实意义和重大经济效益。应该从轨道交通车辆的技术特点和系统组成出发，提出车辆优化设计方案管理的理念和思路，从车辆设计方案的源头控制、总体技术设计方案管理、详细技术设计方案管理、轻量化优化设计方案管理等方面对车辆优化设计方案管理的关键措施进行研究。通过有效措施的采取及先进设计理念的探索，验证优化设计方案管理的可行性和合理性。

其次，成本优势是企业取得竞争优势的主要手段。在当前的情况下，由于轨道车辆制造企业行业的特殊性，面临着巨大的成本压力，企业如何在激烈的竞争中降低成本，是轨

道交通装备制造类企业所面对的一个难题。成本管理优化主要从两个方面入手：其一，在生产车辆存货成本管理方面。能否对库存的资源进行合理的利用，对存货的管理制度进行改善，提高企业的存货周转率，对于适合企业管理的存货信息系统进行使用决定了企业能否对成本进行有效的控制。但是由于有的企业对于存货成本管理的认识还不够深刻，制度的贯彻落实还不够完善，各部门在协作中还存在许多问题，这些都对企业的进一步发展产生了一定的影响。其二，在车辆生产项目成本管理方面。在企业管理工作中，最为重要的内容就是项目成本管理，项目成本管理水平代表企业的管理水平。传统项目成本管理主要特点是静态单一管理，主要是由业务部门进行账务管理，相比较而言，现代项目成本管理属于动态管理，在对整个项目的建设全过程中，全员参与，开展成本管理和控制工作。通过研究轨道车辆项目制造过程中各个阶段的成本管理问题，并结合项目成本的各个构成部分，总结成本管理存在的问题因素，将轨道车辆项目成本控制分为原材料定额控制、工时定额控制及项目资源合理配置三个主要组成部分。并针对项目生产制造过程中各阶段的特点，利用现有的、成熟的管理理论，结合在工作中的经验和策略，提出具备实际操作意义的解决方法和成本管理实施策略，具有一定的工程应用价值。因此，在当前激烈的市场竞争环境下，尤其是企业不断国际化的进程中，深化对成本控制的认识，对控制成本在企业实际生产中如何有效的应用就具有十分重要的理论意义和现实价值。

因此成本核算方法也显得尤为重要。传统的成本核算方法具有诸如分配逻辑过于简单、成本信息缺失等缺点，容易造成企业的成本核算不准确、成本管理过于粗放等问题。目前，对城市轨道车辆设备制造中基于活动的成本计算方法的研究相对较少。本文对作业成本法在城市轨道交通车辆行业生产成本核算中应用的可行性进行了探讨，基于应用的同行业成功案例，结合轨道交通制造业的共性，对其成本核算优化方案进行深入探究。

最后，面对日益严峻的国内外环境，企业急需解决的问题便是基于全面风险管理的视角，不断优化内部控制体系，以实现企业内部控制四大目标，即资产安全目标、报告目标、合规目标、效率和效果目标，进而促进企业战略的全面实现。随着国内外内控制度框架的发展，内部控制理论及框架制度发展已进入风险导向新时代，我们可将内部控制理论大致分为内部牵制阶段、内部控制制度阶段、内部控制制度结构阶段、内部控制制度整体框架阶段和企业风险管理框架阶段。从分析内部控制建设发展历程及现状着手，发现现有内部控制体系存在的问题，并分析问题存在的原因，尝试搭建战略管理视角下，基于全面风险管理的内部控制体系，以指导企业在国际化进程中的内部控制建设，不断提升企业风险管理能力，促进战略目标的实现。

只有通过不断研究与探讨，寻找新的管理方法与手段创新、逐步实现管理体系的完善，提高管理水平，最终实现企业市场竞争力的提升。

1.2 国内外研究现状

目前国内外轨道交通车辆设计管理方面的发展趋势：一是降低成本，从而扩大使用范围；二是设计集成化，提高车辆设计效率；三是过程管理科学化，确保项目可控。考虑到能源问题已经成为社会主要问题，因此采用新技术、新方法，通过车辆轻量化实现降低能耗、减少碳排放具有不可替代的优势。国内外在车辆轻量化研究和应用方面，成熟的方法主要有以下几种方式：应用强度高、重量轻的新材料，实现车辆轻量化。采用新的结构型式，并运用仿真计算分析的方法，实现等强度设计，达到轻量化的目的。采用新工艺方法，通过提高材料工艺连接强度，提高结构瓶颈的强度、刚度、疲劳极限。通过新的系统集成技术或优化的方法，达到轻量化设计的目的。从国内外的研究和实践可以看出，轨道交通车辆与各系统之间的接口是复杂的，轻量化设计涉及到各种复杂因素。本文为了保证轻量化设计的有效性和安全性，运用PDCA循环管理思想，使用有限元分析和Labview仿真手段，并通过整车试制和型式试验对设计进行验证，确保轻量化设计真正起到节能减排的关键作用。

从内部控制、存货风险管理、物流管理以及信息技术等几个方面考虑，企业存货成本控制理论研究在快速变化的环境下，国内外对库存管理与控制的适应性变化进行了研究和实践，有了这些变化使得库存成本控制理论与不同时代的实际变化相结合，这不但没有阻碍竞争和创新，反而有利于进行进一步的发展和协调。

现有的文献表明，国内外学者对于存货管理、成本控制的相关理论研究方面，已经取得了丰硕的成果，尤其是存货管理方法等方面已基本取得共识性的观点。但目前进行的研究也还存在很多不足之处，对某一特定行业的成本控制没有系统的讨论，不同行业的管理方法也没有进行明确的区分。由于缺少这种对比，才使得本文的研究更有意义。

针对企业项目成本管理，国外的研究主要侧重在利用计算机技术，实现企业管理信息化、高效化，对具体案例研究较多；而国内的学者则侧重于理论方面的研究。目前项目管理的理论很多，研究学者也很多，但是具体到研究轨道装备制造业企业的研究相对较少，轨道装备制造业企业的理论研究水平薄弱，很多研究局限在标准的项目管理模式，存在一定的不合理和不经济。由于轨道装备制造业企业运用项目管理的时间还比较短，现有的研究水平有限，导致资源利用率低下，项目管理与日常运作管理的融合及相互渗透考虑较少。

对于成本核算方法的研究，国内外认为作业成本法在高端装备制造业中具备应用研究具有必要性和可行性。从轨道交通车辆行业全生命周期来看，它还涵盖了研发、采购、生产、销售、维保等所有方面；从研究手段和研究形式来看，即具备实例分析研究、应用分析研究的条件，也适合进行实证研究。从目前已经应用作业成本法的行业来看，对于轨道

交通车辆制造业的研究还相对较少。通过本文的研究,对作业成本法在轨道交通车辆制造业的实际应用前景进行探讨。

早在在二十世纪中期,国外学者在公司治理相关研究的基础上,已经提出了内部控制这一概念。此后,随着内部控制相关研究的不断深入,越来越多的学者以及企业管理人士意识到内部控制对企业的重要性,内部控制相关研究快速呈现。国内外学者对内部控制进行了深入研究,研究涉及内部控制的各个层面。

1.3 主要研究内容

在这个国内外竞争都日益激烈的阶段,只有通过不断研究与探讨,寻找新的管理方法与手段创新、逐步实现管理体系的完善,提高管理水平,才能最终实现企业市场竞争力的提升。本文在深入研究车辆设计、车辆生产项目成本、车辆生产存货成本、车辆生产内部控制体系等方面的管理,在相关理论的基础上,对其进行了深入的探讨,分析当前企业管理状况,在理论和实践的基础上找出存在的问题,并且提出相关的合理化建议,提高公司的经济效益,加大公司的竞争力,为了推进国际化战略提供理论基础和实践支撑。

本文通过对设计过程管理方法、组织协调机制的优化,充分发挥团队的主观能动性,最终实现交付高端优质车辆的目标。为保证轻量化设计的有效性与安全性,运用 PDCA 循环管理思路,采用有限元分析及 Labview 等仿真手段进行模拟,并通过车辆试制及型式试验对设计进行验证,确保轻量化设计真正为节能减排起到关键性的作用。此外,本文从设计方案的源头控制、主系统总体设计方案管理、详细技术设计方案管理、轻量化优化设计等方面对车辆优化设计方案提出了自己的见解,以解决既有轨道交通车辆设计中存在的一些问题。

在深入研究轨道车辆设计管理的基础上,拟通过企业存货管理现状进行分析,从中揭示存货成本管理在财务管理、内部控制、信息系统、部门协同等方面存在的主要问题,并提出相应的改进措施和建议,从而为提高存货成本控制水平、提升企业效益提供借鉴参考。并且在理论和实践的基础上从存货核算、信息管理、内部控制和部门联动中找出存在的问题,并且提出相关的合理化建议,提高公司的经济效益,加大公司的竞争力,为了推进国际化战略提供理论基础和实践支撑。

并且以某轨道车辆项目生产制造过程中的成本控制为例,通过研究轨道车辆项目制造过程中各个阶段的成本管理问题,并结合项目成本的各个构成部分,总结成本管理存在的问题因素,将轨道车辆项目成本控制分为原材料定额控制、工时定额控制及项目资源合理配置三个主要组成部分。并针对项目生产制造过程中各阶段的特点,利用现有的、成熟的管理理论,结合在工作中的经验和策略,提出具备实际操作意义的解决方法和成本管理实

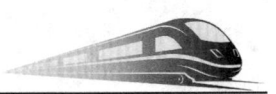

施策略，具有一定的工程应用价值。通过分析轨道装备制造企业的项目成本管理应用情况，总结目前存在的问题并进行原因分析，进而提出相应的改进举措，把项目管理理论和成本管理的实践相结合，探索项目成本管理的原理和方法，为轨道装备制造企业项目成本管理工作从理论到实践方面提供借鉴意义，促进企业顺利实现项目成本管理工作目标，从而有效地实现成本控制。

当前，对城市轨道车辆装备制造业作业成本法的研究较少。文章探讨了作业成本法在城市轨道交通车辆制造成本核算中应用的可行性。在应用同行业成功案例的基础上，结合轨道交通制造业的共性特点及某轨道车辆有限公司的特征，对成本计算优化方案进行了深刻探索。

并且，深入剖析了内部控制与风险管控在本质上的联系以及合理整合的路径，并通过理论演进的分析和从实际应用的便利性出发，将风险管理和内部控制这两个在中国由国资委和财政部两个不同管理机构主导的工作整合到一起，提高了国有企业在这两项工作上的工作效率。两项工作整合的路径就是运行风险导向的内部控制体系。另一方面，对影响战略目标实现的风险进行管控，是风险管理的核心，也是两项工作整合的重点环节。本文在理论剖析的前提下，对更好地处理内部控制中风险管理薄弱这一现象，进行了业务在落地方面的研究，并给出了方法论。希望能够给那些对内部控制和风险管理如何整合还存在疑惑的企业些许借鉴。

通过对以上方面研究进行总结，为实际轨道车辆生产企业产品生产过程管理提供理论依据，逐步实现管理体系的完善，提高管理水平，旨在提升国内外竞争力，并为行业内其他公司的优化提供可参考的实施方案。

第 2 章　轨道车辆设计管理优化

2.1　轨道交通车辆的构成及其特点

2.1.1　轨道交通车辆的类型、特点和系统组成

2.1.1.1　轨道交通车辆的类型

轨道交通车辆是城市轨道交通系统中运送乘客的工具。车辆的种类很多，包括传统的钢制轮轨系统车辆、直线电机车辆和磁悬浮车辆。常规钢轮轨道车辆技术成熟可靠，在城市轨道交通中得到广泛应用；直线电机车辆和磁悬浮车辆是新型城市轨道交通车辆，其技术先进，具备良好的发展前景。

城市轨道交通车辆还有单轨车辆和自动客运系统。其中，单轨车辆由于载客量小、运行速度慢、线路短，不是一个大运量的运输系统，因此只在少数城市的部分地区使用；自动客运系统 APM 在 20 世纪 70 年代开始出现，这些车辆配备了小型橡胶轮胎，在沿导轨的混凝土专用轨道上运行，载客量小，而且大多数是在特定条件下使用的，比如商务区或机场。

2.1.1.2　轨道交通车辆的基本技术特点

大部分轨道交通系统项目所采购并使用的车辆都是业主根据本地具体情况、传统习惯、项目的设计需要、投资预算等提出技术要求，向车辆制造商定制的。由于技术的发展很快，这样各项目定制的车辆就差别很大，不仅是不同城市之间，就是同一城市的各项目之间也大都如此。不同类型的轨道交通车辆各有其自身的技术特点，但是车辆总体技术朝着轻量化、节能化、少维修、低噪声、舒适性、高可靠性和安全性以及低寿命周期成本的方向发展。基本技术特点如下：

（1）由于城市轨道交通系统运量较大，所以特别强调车辆的安全性能，加上列车运行环境条件的限制，对车辆噪声、振动及防火均有严格要求。

（2）城市轨道交通系统的线路都是全封闭的专用线路，双向单线运行，行车密度大，如因故障列车不能正常运行便会对整个系统的运转产生很大影响，所以对车辆运行可靠性要求很高，部分系统部件都必须冗余设置。若发生列车不能启动的故障时，需通过临时应急方案将另外一列救援车前往救援，把故障车推至最近的存车线，此时车辆失去外来供电的情况下仍能提供紧急照明、广播和紧急通风等功能。

（3）车辆间采用封闭式全贯通通道，便于乘客走动及分布均匀。

（4）采用调频调压交流传动方式，电气（再生制动和电阻制动）和空气制动的混合制动，节省能耗。

（5）列车控制和主要子系统的运行控制实现计算机和网络化，信息播放实现多样化、实时化和分层集中化。

（6）车体朝着轻量化方向发展，采用大断面铝合金型材或不锈钢材焊接车体的整体承载结构，最大限度减少车重。

（7）车辆系统部件的设计、材料的选用都以列车运行和乘客的安全为首要原则，在正常功能失效时，其响应将以安全为导向目标。

（8）为了适应高密度行车组织的运营需要，实现了信号控制和行车控制自动化，在车辆运行正常情况下，采用自动列车控制（ATC）、自动列车驾驶（ATO）和自动列车防护（ATP），车辆上也配备了相应的车载设备。个别项目系统的车辆甚至实现了无人驾驶。

2.1.1.3　轨道交通车辆系统组成

轨道交通车辆是按功能分类的多个子系统组成的紧密联系的综合系统，一般包括：车体及客室内装、转向架、车门系统、车钩、贯通道、牵引及电制动系统、受电弓、辅助电源系统、空气制动及供风系统、列车控制及诊断系统、空调和通风系统、客室照明系统、广播及乘客信息系统等。

图 2.1　轨道交通车辆系统组成图（局部）

2.1.2 某市轨道交通 1 号线一期工程车辆概况

某市轨道交通 1 号线是一条东西向主干线，线路全长 44.6 km，主要解决东西城市商业发展轴的客流问题。一号线将分两期实施，一期工程于 2009 年至 2014 年实施。一期工程线路长度 20.78 km，其中高架线路 5.45 km，过渡段 0.31 km，地下线路 15.18 km。共设车站 20 座，其中高架车站 5 座，地下车站 15 座，平均站间距 1.1 km。一期工程停车场 1 座，车辆基地 1 座，控制中心 1 座。根据某市轨道交通线网规划，1 号线一期工程与 5 条规划线路实现换乘。全线共有 5 座换乘车站。某市轨道交通 1 号线一期工程车辆选型依据工程研究及初步设计方案。它适应某市目前的客流形势，并适度超前考虑。在车辆牵引、制动等关键系统采用世界领先的工程技术方案，将轻量化、节能环保的理念贯穿于整车设计，探索出一套成熟的设计管理方法，通过轻量化概念、理论验证和实验验证的系统步骤，保证了轻量化措施的有效性、可行性和安全性。

2.1.2.1 车辆基本情况

某市轨道交通 1 号线一期工程车辆为 B2 型车辆，即 4 动 2 拖 6 辆编组形式，初期列车共 22 列。车体采用全焊接鼓形铝合金焊接形式。列车额定供电电压为 DC1500V，接触网受电弓传电，列车最高运行速度 80 km/h，车辆供货商为南车株洲电力机车有限公司，牵引系统供货商是西门子公司。

2.1.2.2 车辆总体技术性能及参数

表 2.1 车辆总体技术性能及参数

车型	B 型车
车体	全焊接鼓形铝合金
轨距	1435 mm
受电方式	架空接触网受电弓
额定供电电压	DC1500V
列车编组	4 动 2 拖 6 节编组
最高运行速度	80 km/h
列车编组形式	＋Tc＊MP＊M＝M＊MP＊Tc＋

其中：

Tc 车为拖车（带司机室的拖车）；

MP、M 车为动车，其中 MP 车为带受电弓的动车；

＋：全自动车钩；

＝：半自动车钩；

＊：半永久车钩。

表 2.2　列车基本参数

TC 车车体长度	19650 mm
MP/M 车车体长度：	19000 mm
列车长度	118788 mm
列车最大宽度：	2892 mm
车辆高度	3800 mm
车辆地板面距轨面高度：	1100 mm
转向架固定轴距：	2300 mm
车辆转向架间中心距：	12600 mm
转向架轮对内侧距：	1353±2 mm
新轮直径	Φ840 mm
半磨耗轮直径	Φ805 mm
最大磨耗轮直径	Φ770 mm
轴重	≤14 t
Tc 车质量	31.820 t
MP 车质量	33.601 t
M 车质量	33.385 t
空载列车重量	197.559 t

2.1.2.3　车辆各子系统、部件方案

2.1.2.3.1　车体方案

车体主结构应为整体承载的轻量化铝合金型材焊接结构。车体主要承载结构应有底架、侧墙、端墙和车顶等六大部件组成，材料使用大型中空挤压铝合金型材、铝合金板材，使用寿命应不低于 30 年。

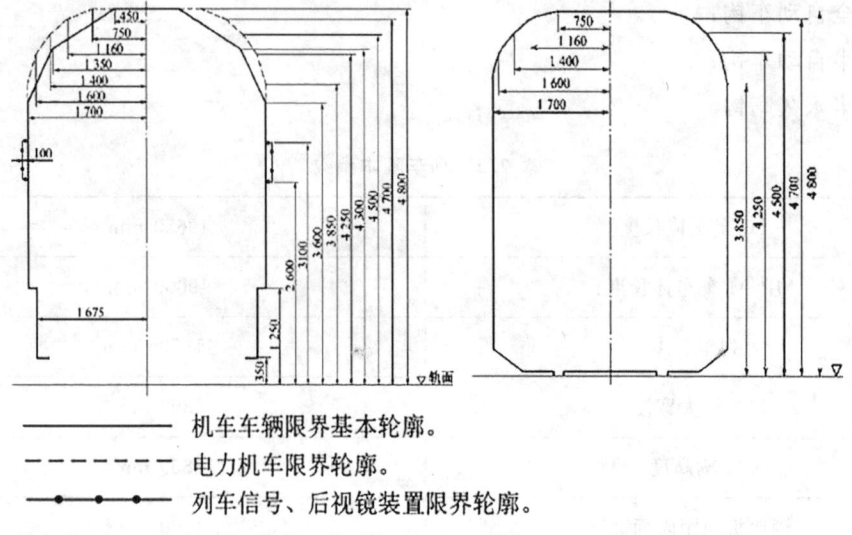

图 2.2 车体断面图

2.1.2.3.2 内装方案

内装主要包括：客室座椅、玻璃窗、地板布、立柱和扶手、灯带、侧墙板、拐角顶板、天花板、空调风口及其它相关辅助设施。

图 2.3 内装效果示意

2.1.2.3.3 车钩和贯通道方案

（1）车钩

车钩主要是将车辆相互连挂，传递纵向牵引力和冲击力，实现电路和气路的连接。车钩主要包括全自动车钩、半自动车钩、半永久牵引杆。车钩安全可靠，车钩的抗压载荷为1200kN，抗拉载荷为850kN，缓冲器能有效吸收车辆碰撞中的能量，缓和冲击。

第 2 章 轨道车辆设计管理优化

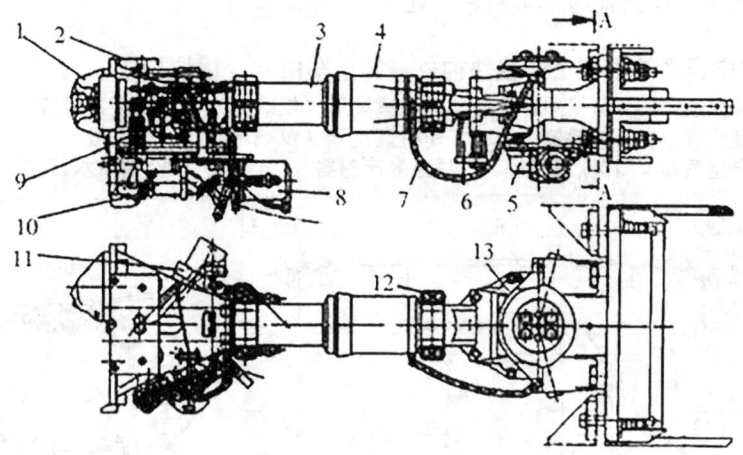

1-机械钩头；2-盖板；3-车钩牵引杆；4-压溃变形管；5-对中装置；
6-垂向橡胶缓冲器；7-接地系统；8-电气头操作装置；
9-主风缸管及解钩风管的空气管路；10-电气车钩；11-解钩风缸；
12-卡环连接；13-钩尾座橡胶缓冲器

图 2.4 车钩效果图

（2）贯通道

贯通道是实现两节车客室之间的柔性连接，是车辆通过线路曲线的关键部位，并可让乘客均匀地在列车中分布。贯通道的位移量与车辆在各种运行条件下通过曲线的位移量相适应，能顺利通过最不利条件的组合（竖向曲线，水平曲线，最不利线路条件及车速）及无异常的摩擦声。

2.1.2.3.4 车门

客室车门采用双开式电动塞拉门，设置可靠的机械锁机构、故障隔离装置、紧急解锁等安全设施。车门结构紧凑、重量轻、密封良好，车门关闭时能有效地起到隔热、隔声作用，并能消除振动。车门控制采用网络及硬线冗余控制。

客室车门数：每侧 4 套、每辆车 8 套；净开宽度 1300 mm；门净开高度：1880 mm。

司机室侧门采用手动移门，主要由顶部机构、门扇、门槛及密封胶条等组成。

2.1.2.3.5 照明

客室照明采用节能环保的 LED 照明系统，平行纵向布置于车辆顶部两侧，采用集中驱动电源供电方式，降低了车辆照明的能耗。紧急照明时通过降低整体照明功率来降低亮度。

2.1.2.3.6 空调和取暖

空调系统主要是为客室和司机室的室内环境提供温度调节、空气除湿和通风。每节车安装两台顶置式空调机组，通过控制可实现通风、预冷、全冷、卸载（压缩机卸载运行）、半暖、全暖、紧急通风等功能。司机室送风单元是用于地铁车辆司机室的增压换气加热设备，通过单独的风道从相邻空调送风道引入已冷却或加热的空气送入司机室内。每辆车空调机组分别布置在车顶位置约 1/4 和 3/4 处。

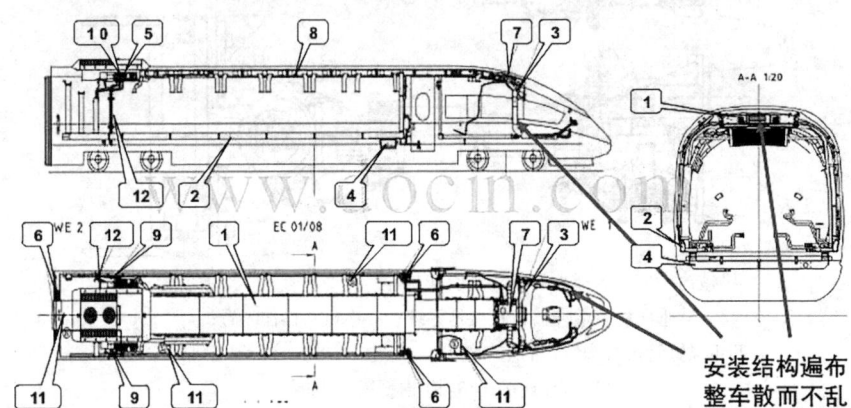

图 2.5 空调位置示意图

2.1.2.3.7 转向架

转向架分动车转向架和拖车转向架。动车转向架主要包括构架、轮对、轴箱、一系悬挂、二系悬挂、抗侧滚装置、牵引装置、基础制动装置、驱动系统、整体起吊装置、辅助部件等。除驱动系统之外，拖车转向架与动车转向架的大多部件可以互换，转向架质量可靠，动力学性能优良。

2.1.2.3.8 牵引系统

牵引系统是列车运行的核心装置，由高速断路器、牵引逆变器及其控制单元、牵引电机、制动电阻、齿轮驱动装置等组成。其作用是将从电网输入的电能经 VVVF 转化后控制牵引电机的运转，牵引电机输出的功率传给轮对，驱动列车运行，列车制动时将列车的动能转化成电能反馈回电网或送到制动电阻上变为热能散发出去。

牵引系统功能：列车牵引、电气再生制动和电阻制动功能；微机系统控制的变压变频（VVVF）调速方式；牵引逆变器采用 IGBT 功率模块；鼠笼式异步牵引电机；列车采用车控方式，即 1 个牵引率逆变器给两个转向架 4 个电机供电。

2.1.2.3.9 辅助系统

辅助电源系统主要是为列车空调、通风机、空压机、蓄电池充电器及照明等辅助设备提供供电电源。每列车上安装四台辅助逆变器为车上的 380 V 辅助交流设备供电，每台辅助逆变器的输出容量为 110 kVA。每节车上的一台 380 V/220 V 变压器给单相 220 V 交流负载供电，容量为 2.3 kVA。每辆拖车上安装 2 台辅助逆变器，集成在同一个箱体内。四台辅助逆变器输出采用并网供电方式通过三相母线给负载供电。对于辅助直流 110 V 设备的供电,则在每辆拖车上安装一组蓄电池及两台蓄电池充电机,蓄电池充电机集成在辅助逆变器箱内,功率为 12 kW。

2.1.2.3.10 列车控制系统

列车控制系统采用分布式总线控制方式,车辆总线和列车总线采用 EMD 电气中距离通信介质的 MVB 总线,MVB 网络采用双通道冗余设计,符合 IEC 61375 标准;具备状态监控、故障诊断、信息显示和信息储存功能。

2.1.2.3.11 空气制动系统

空气制动系统的作用是用以产生制动力,使列车减速或及时停车,对保证列车安全和正点运行具有重要作用。车辆采用克诺尔车辆设备(苏州)公司提供的 EP2002 架控系统,该系统设计高度完整且以故障导向安全为设计原则,该系统具有准确度高,响应时间短;对各种参数和接口的适应性高;可靠性和实用性高;维护简便;重量轻;故障能识别和显示等特点。

制动力分配原则:采用电制动优先,不足部分由空气制动补足。在正常情况下,列车的电制动力满足所需总制动力需求,无需补充空气制动力。牵引系统故障时,丢失的制动力首先根据其它可用的电制动容量分配给其它牵引系统。一旦达到其它牵引系统的容量限制,列车所需的总制动力和生成的电制动力之间的差值由拖车和牵引系统故障的动车的空气制动力补足。

2.1.2.3.12 车载通信和乘客信息系统

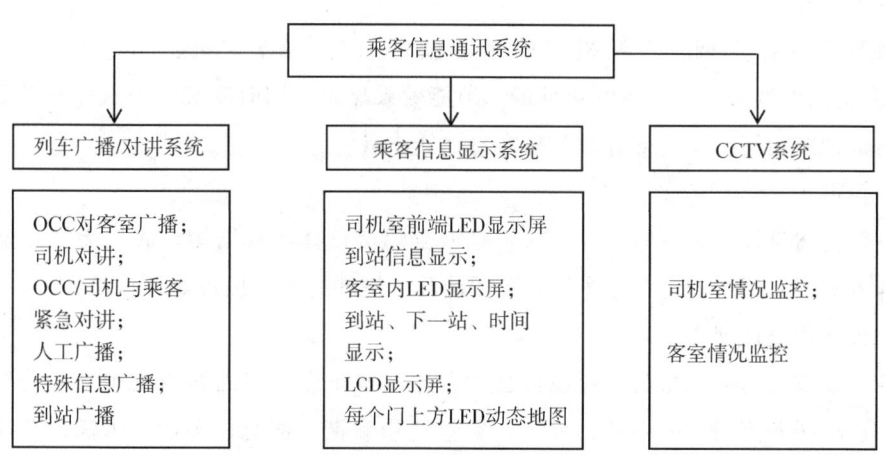

图 2.6 乘客信息通讯系统功能图

乘客信息及视频监控系统主要由以下部分组成:
列车广播、应急对讲装置、车载无线调度通信;
乘客信息显示系统(PIDS);

列车视频监控系统（CCTV）。

2.1.2.4 车辆主要技术优势

某市轨道交通1号线一期工程是某市开工建设的第一条城轨线路，对某市的城市交通发展和城市形象提升都有重大的意义。因此，车辆作为某市轨道交通1号线一期工程整个系统的关键组成部分，经过各方的共同努力和一系列行之有效的管控措施，某市轨道交通1号线一期工程车辆实现了预期的工期目标，同时取得了以下主要技术优势：

（1）高性能

选用大容量牵引逆变器、电机等系统配置，功率大，在1/4功率和AW3负载条件下，列车仍能正常往返。电制动可用于整个制动过程，实现电制动归零，并极大限度地将制动能量反馈给电网供其他车辆使用。同时，消除了停车过程中电空转换带来的冲击，减少了闸瓦的磨损，大大提高了列车的稳定性和乘坐舒适性，降低了列车运行的能耗和运营成本。

（2）高可靠性

列车控制具有高可靠性的网络系统和硬线系统后备功能实现列车紧急牵引，大大提高了列车的可靠性，降低了列车需要救援的可能性。车门采用冗余硬线控制和网络控制控制。

高可靠性设备悬挂方式。设备悬挂采用西门子专有车体C型导槽加悬挂座方案，安全等级高，安装螺栓无直接受力，保证了车下设备悬挂的安全性。

（3）节能环保

节能环保LED照明系统。采用新型节能环保LED平板光源，转换效率高，散热性能好，可维护性好。

高效节能环保空调。空调机组的制冷量可调为0%、35%、50%、70%、85%和100%。客室内温度变化小，控制更准确，节能效果显著。同时安装了空气净化装置，具有杀菌、防霉、净化等功能，可有效改善客室空气质量。

（4）轻量化

引进轻量化设计和制造的概念。采用轻型全焊接整体承载结构，底架无中心梁和C型导槽悬挂方式。采用鼓形铝合金车体，采用国际先进的搅拌摩擦焊焊接技术。

（5）人性化设计理念

车辆工业设计与国外知名工业设计公司合作。整车设计突出城市的国际定位和地域文化特色，造型线条流畅，内外装饰优美。客室色彩和谐、明亮、柔和。为满足冬季客室的舒适性要求，空调系统具有出风预热功能，乘客座椅下面设有电加热装置。

车辆设计制造过程中的质量和进度控制是取得一系列技术优势和进度可控的关键。所以，车辆设计方案和设计过程的优化管理显得尤为重要。通过优化设计方案和过程管理，探索更安全、降噪、可靠、节能、环保措施，深化人性化设计理念，确保最终车辆设计方案完全满足采购合同的技术要求。某市轨道交通1号线一期工程虽然已投入试运营，但在车辆项目实施过程中仍存在一些问题，需要在项目后期重点关注：

（1）对焊缝疲劳应力的精确设计的问题。在车身轻量化设计研究中，采用 S-N 曲线来评价焊接接头的焊接寿命。基于材料的 S-N 曲线，该方法基本上可以评价焊缝的寿命，但其评价值相对保守。当前，国内外高校在这一领域取得了新的研究突破，提出了焊缝疲劳寿命评估的新理论，并开始从小范围逐步应用到市场。该理论是根据焊接接头的结构类型和应力特点，结合焊接材料的特点，可以更准确地评估焊缝的疲劳寿命。也就是说，该方法可以更准确地预测结构的寿命，实现精确的轻量化设计。该方法可用于后续工程中进行车体轻量化设计，准确评估焊接寿命。

（2）复合材料应用的问题。为实现车辆轻量化，在满足使用要求的前提下，采用了一些轻量化材料，可以有效减轻车辆重量。然而，应用部件的类型是有限的。通过查阅相关研究资料和跟一些材料研究机构的交流，我们发现在一些较轻的材料的研究方面取得了突破性的成果，如复合夹层材料制成的车体、碳纤维结构的转向架、碳纤维车体和复合板内饰材料，这些成果已经在一些案例中得到了应用。在车辆工程设计的后期，应充分考虑复合材料的应用，通过减轻车辆重量，降低车辆运行过程中的能耗。

（3）底架悬挂方案设计的问题。车辆底架采用 c 型槽悬挂方式。虽然车下设备通过过渡装置悬挂在底架上，设备载荷直接作用于过渡装置，紧固件不承受设备载荷，安装方法安全可靠，但底架型材加工时需预留 c 型槽的位置，中间不能安装夹层地板，导致车辆运行时客室内噪声很大。在项目后期，我们可以对底架悬挂方式进行优化设计，考虑采用侧梁悬挂方式，在底架上方铺设铝蜂窝夹层地板，降低乘客室噪声。

（4）车辆驱动技术的问题。当前，车辆牵引传动主要由传统的牵引电机和齿轮传动装置来实现。然而，世界上出现了一种新的电机技术，目前尚处于研究转向应用的初级阶段。该技术利用永磁电机驱动转矩范围大的优点，通过永磁电机直接驱动轮对，从而省去了齿轮箱、联轴器等传动结构，使设备简化、轻量化。永磁驱动动力学技术的研究对汽车轻量化和驱动电机技术具有划时代的意义。如果永磁传动技术应用成熟，可以考虑在后续工程的牵引传动中采用该技术，可以直接取消传动装置。

（5）人性化设计的问题。车门上方的 LED 动态地图显示字幕较小，灯光不明显。在以后的优化设计中，可以采用高清动态地图来解决这一问题，为乘客提供高品质服务；客室内摄像头安装空间大，给乘客带来不安全感，监控区域存在着盲区，每节车厢使用 360 度高清嵌入式摄像头可以在以后的优化设计中考虑，可以解决存在的问题。在空调系统的设计中，采用高效节能的多级调节环保空调系统的空调机组，并安装了空气净化装置；随着变频空调技术的发展和成熟，逐步考虑用变频空调代替现有的普通空调，以提高节能效果。

某市轨道交通 1 号线一期工程车辆在使用性能上能够达到工程预期效果。但从长远来看，如果车辆能够进一步进行轻量化，则行驶过程中的能耗可以降低，从而进一步降低运营成本和环境污染，更符合我国可持续发展战略。所以，结合某市轨道交通工程的实际情况，分别研究了车辆优化设计过程的管理方法和优化设计方案管理的关键措施。

2.2 车辆优化设计过程管理方法

近年来，过程管理方法在企业管理实践中的应用不断推进，产生了一些新的管理理论、管理工具和管理模式等。PDCA（Plan－Do－Check－Action 的简称）循环即"戴明循环"，是质量管理循环。根据质量工作的计划、实施、审核和行动开展活动，以确保可靠性目标的实现，从而促进持续改善品质。

PDCA 循环作为质量管理的基本方法，不仅适用于企业和个人，而且适用于整个项目。它可以使我们的思维方式和工作步骤更加有序化、系统化和科学化。PDCA 管理模式是将某一管理对象的整体管理分为四个部分，在每个阶段发挥不同的作用。这四个阶段不断循环，以改善质量。

（1）Plan－策划

行动的基础是策划。任何管理活动都应明确其目的，并通过规划可行的总体管理模式和具体实施方案，为全面实施管理奠定基础。

（2）Do－实施

为确保预期目标和总体方案的实现，必须在过程管理中落实相应的人力、物力和财力，制定相应的管理制度和方法，按照策划的原则和方向进行，从而达到管理的目的。

（3）Check－验证

在对具体方案的实施过程中，要有目的、有计划地按一定程序对各个管理步骤进行检查、监控和审核，发现问题及时纠正，并采取相应的预防和纠正措施。

（4）Action－改进

根据整体管理的结果和预期目标，定期进行评审，保证新一轮 PDCA 循环在原有基础上得到改进和提高。

PDCA 管理模式强调高效合理的过程实施和控制管理。它注重按计划办事，科学合理地安排工作，在过程管理中不断总结和完善，最终达到预期目标。PDCA 循环适用于所有过程，过程管理的所有工作都应按照 PDCA 循环来实施。

轨道交通车辆优化设计过程管理不是由一个技术设计团队来完成，而是涉及到整个公司的所有相关部门。它由许多相互关联、相互作用的过程组成，只有各部门全力合作，有效控制这些过程，才能保证整车设计质量。本文结合某市轨道交通 1 号线一期工程车辆设计的实际，对车辆设计中各个过程的管理和控制工作进行了详细的分析。

虽然车辆设计的质量源于技术团队，但生产制造过程中的工艺设计能否做到精益求精，关键零部件供应商提供的产品能否得到优化，直接决定最终交付车辆的设计是否合理，车

第 2 章 轨道车辆设计管理优化

辆性能是否满足合同要求,是否便于操作和维护。在车辆项目计划制定过程中,根据各职能部门的职责进行分工,制定有效的项目计划,包括车辆设计、车辆生产制造过程中的工艺设计、车辆零部件供应商产品的优化设计等过程。确保项目计划是车辆优化设计的核心,围绕车辆项目的总体时间节点和关键点,采取措施控制风险。车辆设计过程是动态的,车辆生产制造前,主要确定设计方案并绘制施工图。然而,设计接口在首列车制造过程中得到验证。如果发现设计错误或缺陷,将进行设计修改。即使在列车批量生产或运营后发现设计不合理,也会下发设计联络单进行整改。因此,在车辆项目实施过程中,要随时总结车辆的不同设计阶段,定期或不定期进行设计审查,梳理设计问题,制定整改方案。运用PDCA 循环可以提高汽车设计质量,改善汽车设计过程。本文将 PDCA 循环理论应用于某市轨道交通 1 号线一期工程车辆设计中,对车辆设计方案进行反复修改,以达到优化设计的目的,具体过程如下图 2.7 所示:

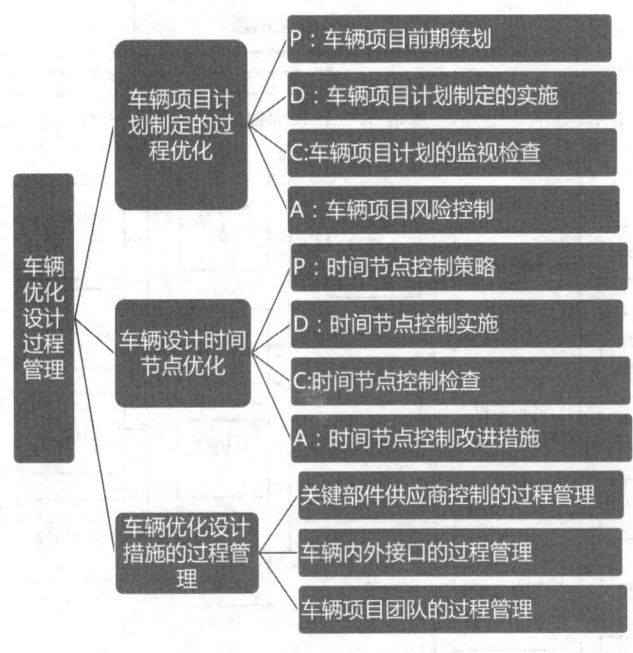

图 2.7　PDCA 循环理论运用图

2.2.1　车辆项目计划制定的过程优化

根据过程管理的 PDCA 理论,研究了车辆项目规划过程中的过程优化问题。实践证明,严格按照 PDCA 循环来解决遇到的问题,能够抓住问题的关键,容易找出原因,解决问题,提高效率,不断巩固管理水平。本文以 PDCA 循环为概念,对分散的传统管理过程进行系统化、程序化、持续改进,这也是现代安全管理的精髓。对于车辆项目策划的过程优化,PDCA 的主要目的是梳理出与车辆项目相关的主要因素,并在规划过程中充分考虑这些因素，包括项目前期策划和项目组的建立、项目计划的编制和实施、项目计划的监测和实施对项目计划进行检查，对项目风险进行控制和改进，以实现车辆项目的顺利进行，能够按业主要求交付高端优质车辆。其具体实施方法如下：

2.2.1.1 P阶段：车辆项目前期策划及项目团队的建立

在P阶段，按照项目管理模式对车辆项目进行总体把控。根据车辆项目的特点对车辆生产、交付全过程的工作进行分解：

根据图2.8车辆采购项目工作分解图，车辆供应商各相关职能部门组成多功能小组进行管理。多功能小组包括：技术团队、业务团队、质量保证团队、工艺团队、客车制造团队、生产物控团队、采购团队、海外业务团队、财务团队、人力资源团队等职能人员组成。车辆项目组成员根据项目进展情况或需要随时进行补充或撤离。

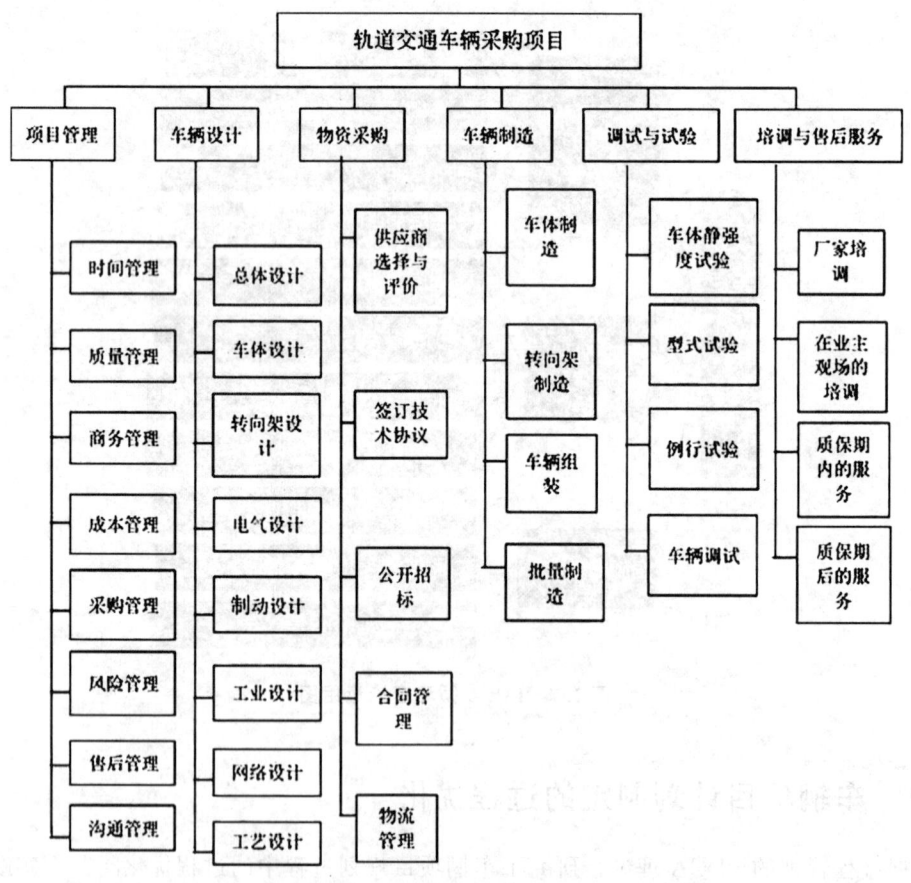

图2.8 车辆采购项目工作分解图

以某市轨道交通1号线一期工程组织机构为例，南车株洲电力机车有限公司是某市轨道交通1号线一期工程车辆设计制造单位各阶段工作由公司各部门根据各自的职能完成。

具体分工如下：项目中心负责整个项目的领导管理，控制整个项目的进度和质量，与业主单位联系，落实各项工作；技术设计中心负责车辆的总体设计，它是车辆轻量化设计的主要单位；采购中心负责整个项目的材料采购和各部件供应商的管理，根据车辆制造进度及时供货；城轨事业部负责车辆制造和质量检验；检测试验站负责车辆的所有厂内和业主现场试验，并出具试验报告；售后服务部负责建立车主现场调试和售后保障团队，负责车辆质量保证和客户培训。以上各部门相互协作，共同完成整车项目的实施。

2.2.1.2 D阶段：车辆项目计划的制定实施

根据车辆项目采购合同规定的有关技术和进度要求，制定合理的项目计划。在编制项目计划时，应考虑以下几个方面，以确保车辆项目按时完成。

为完成项目可交付成果而必须进行的活动；工作组之间的相互依赖性；活动顺序、活动时间、资源需求和关键性路径。

车辆项目计划应反映在整个项目生命周期中必须遵守的规则，包括项目计划变更的控制。车辆项目计划的内容至少包括：项目目标；完成项目的工作范围；项目组人员的工作分工；按照工作范围划分工作包，明确完成项目交付必须实施的工作包，以及确定每项工作的评审时间，参与的评审人员；项目划分的阶段，以及每个阶段的具体活动、活动进度和责任单位；项目的里程碑；项目实施过程中的活动顺序安排；项目计划和其他变更的控制；内外部沟通机会、沟通方式等；定期项目评审的时间、方法和参加评审的人员。

成本计划制定：将投标阶段预算的总成本分摊到项目实施中每个工作包的每项成本中，编制详细的成本计划，定期跟踪每个工作包的成本情况和总成本分解到每个项目的情况，包括确定最终完成的预算，确保按成本预算完成。当发生偏差时，应对偏差进行评审，制定措施，控制成本节约点，以收回预算。质量计划制定，质量计划至少应包括：与项目有关的质量要求的识别、澄清、执行、控制、确认和批准以及有要求时顾客的批准；实现项目质量目标过程中的控制措施或策略，包括未关闭事项的控制；质量监控内容监控方式；质量计划更新时机。

（1）明确团队职责分工

根据P阶段设计计划要求，将项目实施过程中的各项工作统筹考虑，合理分配：

①技术团队

考虑到轨道交通的特殊性，必须选择具有相关研究背景的团队负责设计和开发。轨道交通设计应严格遵守国家、行业和地方的法律法规和执行标准。

轨道交通在中国境内采购的进口材料和主要部件必须有详细的技术规范，组织编制工程所需的技术文件和用户资料，并负责设计验证和确认，以确保本工程与环境条件相适应，并控制设计成本，使其满足设计要求。除产品设计外，还应考虑EMC、RAMS、LCC、消防技术等方案设计。

轨道车辆生产企业产品生产过程管理优化研究

②业务团队

在轨道交通车辆项目实施过程中，业务团队负责对外联络，按照项目管理模式，组织相关部门开展车辆的设计、工艺准备、生产、试验交付和财务结算等工作；组织有关单位办理车辆备件、技术资料和随车档案，与用户代表办理交接手续并签收；负责组织有关部门对用户进行培训；负责车辆交付，及时将交付过程中用户代表发现的质量问题和建议递交给制造部和质量保证部，并组织服务人员到用户现场进行售后服务。

③质量保证团队

轨道交通车辆不同于一般产品，其质量关系到人们的生命安全。因此，要严格控制车辆质量。要成立专门的质量保证小组，负责质量管理体系的建立，质量控制网络的建立，质量监督的组织实施，策划负责检验，编制检验文件，负责产品的符合性。组织有关单位进行进货检验、过程检验、最终检验和提供质量资料。参与对分包商资质的检查和确认，明确质量方针、目的，并体现在全套质量保证体系文件中，确保文件在各级组织范围内得到理解和执行。

④工艺团队

负责车辆工艺方案设计、工艺流程安排与实施，控制工艺成本，满足项目要求；负责工艺方案设计、工艺准备、工艺装备、工艺验证、动态调试及项目实施，包括运输准备、防护措施、标识等。

⑤车辆制造团队

负责车辆生产的技术准备工作，按车辆设计图纸组织、检查、确认完成本项目生产制造的全过程，包括计划、生产、工艺、试验、验证和产品包装运输等；对车辆生产进行控制满足项目要求，实现项目总体计划。

⑥采购团队

负责车辆设备采购合同签订前的资质确认和分包商推荐，确保生产材料的质量和按计划供货，控制材料采购成本，满足项目要求，组织有关单位对分包商资质进行检查和确认，提供分包商名单和采购物资清单。

2.2.1.3 C阶段：车辆项目计划的监视检查

监督检查是项目控制工作的重要组成部分。监督检查的目的是验证项目的实施效果。通过监督检查，发现项目实施过程中存在的问题，采取措施确保项目的有效实施。轨道交通车辆按D阶段确定的工艺方案配置后，在C阶段对设计开发过程要求、可追溯性要求、制造工艺要求、服务过程要求和维护要求等相关资料进行监视和检查，并跟踪产品使用后的相关信息。包括以下几点：

根据检验文件对产品质量进行检验，特别是加强车辆项目认可的安全性、关键零部件质量检验，如实记录检验结果，形成配置清单，作为产品制造阶段配置管理的主要依据。

产品投入使用后，定期或不定期跟踪产品使用情况进行跟踪服务，了解并掌握产品使用后的运行状况、维护、维修、故障等情况，并详细说明记录。

相关车辆项目的设计、制造和应用中涉及的变更应包括在配置管理中。

主要产品在设计、开发、制造和服务过程中的相关技术状态和生命周期的变化、维护、故障和处理信息的综合记录，包括软件产品的配置管理，信息记录具有可追溯性。

2.2.1.4　A 阶段：车辆项目风险控制与改进

识别计划实施过程中可能存在着风险，利用 FMEA 等应对措施评估风险的影响，制定并记录风险应对措施或机会强化。如果影响到成本、交期、安全性等，应报告项目经理合理决定。在整个项目生命周期内，应根据项目进展情况，定期评审风险应对计划的有效性，并根据评估结果及时地更新风险评估的输出结果。

识别出的风险及其应对措施应分类归档，定期对风险实施情况进行监督检查。同时，应根据更新的风险情况随时更新风险数据库。根据最新的风险识别点，应及时采取相应措施加以防范。风险评估分阶段进行，总结前一阶段的成果和问题，为下一阶段或其他阶段的工作安排提供经验教训。

2.2.2　车辆设计时间节点优化

根据过程管理的 PDCA 理论，研究了车辆设计时间节点的优化问题。实践表明，根据 PDCA 循环理论可以合理安排车辆设计的时间节点，并可根据不同的设计阶段对设计方案进行优化。车辆设计方案并非一成不变的，随着系统设计的深入和生产制造工艺的要求，车辆设计方案一直在优化。最后，车辆的设计可以方便生产制造、用户使用、维修等要求。该过程主要包括时间节点控制规划、时间节点控制实施、时间节点控制检查和时间节点控制改进措施。

2.2.2.1　P 阶段：时间节点控制策划

在合同谈判阶段，提出项目管理和设计团队的总体目标，并相互沟通车辆优化设计过程管理。然而，在目标实现的过程中，最重要的时间节点控制，没有时间的保障，目标就会成为空谈。因此，在 P 阶段要求设计团队掌握项目进度动态，控制过程管理中的时间节点。在设计联络阶段，根据车辆工程的进度要求和进度情况，合理安排车辆设计联络和设计审查会议的时间，并考虑车辆与其他专业接口的联络时间，保证车辆设计进度满足要求。

2.2.2.2　D 阶段：时间节点控制实施

P 阶段时间节点确定后，必须实施有效控制，进一步保证项目的有效推进。因此 D 阶段的主要任务为：严格执行车辆项目总体工期计划；编制车辆进度计划及进度控制保证文件；审核车辆及牵引控制系统供货商的设计进度；协调车辆与牵引控制系统供货商的文件信息沟通时间，确保顺利进行设计进度应便于实施；当设计变更影响到制造周期时，供货商、业主、监理单位应统一协调；采取相应措施使信号与通信接口的设计与车辆的接口设计进度同步；对合同项目进度执行计划进行监督检查，分析进度偏差的原因，提出调整意见与纠正措施。

2.2.2.3 C阶段：时间节点控制检查

在车辆项目实施过程中，定期对总体目标的实施情况进行监督检查，确保计划中的各项工作按计划进行，并对实施情况进行验证。项目范围发生变更时，项目组成员应对项目范围变更进行审查，并将审查结果反映在项目计划中。项目经理应定期组织项目组成员对项目进行审查并保留审查记录。

项目实施期间，及时对已识别的偏差进行评审，估计偏差造成的影响，并根据影响程度制定相应的对策，以确保项目的后续工序和进度满足业主和合同的要求。如果偏差影响到交货期，项目经理将及时组织评审，并将偏差情况反馈给业主。除业主授权外，车辆供货商不得擅自更改交货进度。同时，项目经理经常与车辆咨询监造单位和业主沟通项目进展情况，在项目实施过程中及时上报车辆优化设计方案，以便在最短时间内获得方案的批准，保证车辆生产制造任务的进度不被影响。

2.2.2.4 A阶段：时间节点控制改进措施

根据项目计划的安排，项目经理应定期组织项目组成员对项目计划进行评审和更新，并包括和业主的主要里程碑，包括关键路径上事项的识别和管理。车辆工程时间节点控制保证措施：

（1）根据车辆项目的特点，建立完善的节点控制组织机构，由各方派专人履行进度控制职责，将实现时间节点目标的责任分配给各个控制者，并建立一种激励机制，用于协调和考核时间节点控制人员的工作，并通过激励手段促使他们控制时间节点。

（2）细化车辆进度计划

总体方案纵向细分为车体、总装、涂装、卸车、调试、试验等环节，横向细分为转向架、内装、牵引设备等部件。整车的时间节点控制是从各环节、各部分的进度控制实现的。

（3）根据车辆工程的实际情况，提出了一种可行的时间节点控制工作制度。

在每个月底，项目各方应召开车辆进度会议。会议议题包括：是否根据车辆进度计划按时完成本月目标；进度偏差项的补救措施；是否需要重新修订进度计划；造成技术困难，严重偏离车辆计划或导致车辆技术规格变更的问题。

（4）建立完整的变更控制系统。

评估项目实施过程中发生的车辆设计变更/业联整改进行评估，验证变更对车辆生产计划实施的影响。影响成本、交货期和安全性的重大变更必须经项目经理批准，影响业主要求的变更必须通知业主并征得业主同意，在实施前所有变更必须符合业主要求。

2.2.3 车辆优化设计措施的过程管理

在设计联络阶段，根据车辆项目过程管理策划，制定项目实施进度计划，明确项目各要素之间的关系，主要包括：车辆项目里程碑计划、车辆总体实施计划、车辆设计计划、车辆制造工艺计划、车辆项目采购计划、车辆型式试验计划、客户培训计划和售后服务管理计划绘制等。车辆设计组应根据设计计划要求，列出设计过程管理计划及相应的人员分工和职责。设计联络和设计审查会议的安排，应提前沟通每次会议的议程、技术设计方案和接口方案。尤其是车辆项目实施过程中的关键过程需要重点控制。以下采用过程管理控制方法，结合车辆项目的实际情况，对项目关键过程的关键控制进行了描述。

2.2.3.1 车辆关键部件供应商控制的过程管理

车辆关键部件的技术指标和产品质量直接决定整车的质量和设计水平，因此加强关键零部件供应商控制的过程管理特别重要。关键零部件供应商控制的过程管理主要体现在以下几个方面：

（1）关键部件供应商控制的策划和实施：关键部件供应商的选择车辆所用重要零部件的制造商将由业主确认。主要部件有：空气制动系统、车体材料、轴承、司机室及客室室内装饰设计、车辆外观艺术设计、内饰材料、地板布、座椅、空调系统、照明系统、蓄电池、司机控制器、车载通信和乘客信息系统、火灾报警系统、车门系统、车钩及缓冲装置、转向架关键部件等，供货商选择业主要求的其他部件，合同签订后，承包商应组织投标或比选谈判。投标或比选方案（包括潜在供应商范围）将提交业主审批，评标或比选结果经业主批准后生效。

选择分包商，由承包商进行控制的方式及程度，并随产品的类型决定。根据分包商先前表现出的能力，其能力是否能满足分包合同的要求，是否能建立并保持分包商可接受的业绩记录，并确保分包商质量体系管理的有效性，以及其他类似的表现记录。

业主和车辆咨询单位应对车辆供货商（即承包商）提交的分包方案进行全面、深入的评审，保证选择合格的关键部件供应商和质量可靠、性能优良的关键部件产品。

审核过程中重点审核以下文件：产品主要技术性能、质量、规格型号、售后服务及比对分析；产品在轨道交通的使用业绩及证明资料；供应商的营业执照、税务登记证明；供应商管理机构图及主要负责人履历表；供应商的质量体系和环境认证证书；产品的型式检验报告或质量检验证书；供应商的有关生产许可证书（如有需要）；从事特殊专业产品的生产许可证书（如有需要）；其他材料（如有需要）。

对比较重要的关键部件，业主可对其供应商进行实地考察，承包商按业主要求提出具体考察方案，并组织实施。考察工作结束后由承包商提出考察报告，并给出明确的考察意见。

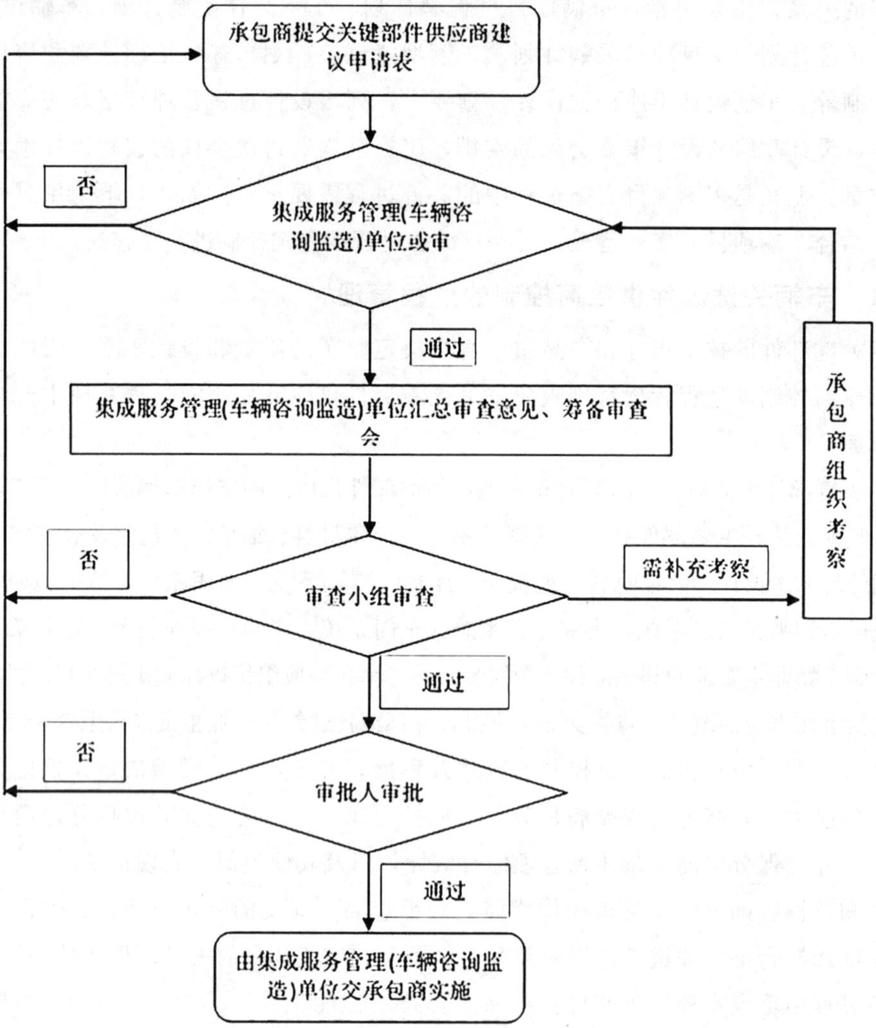

图 2.9 关键部件供应商工作流程

（2）关键零部件的供应商控制检验：设计评审和首件检查

在零部件设计的研发阶段，主要采用设计评审的方法，重点对零部件供应商产品设计方案进行审核。

在样机研制和小批量试制阶段，首件检查是主要手段，重点是对部件供应商产品生产工艺、制造装备、质量检验、型式试验、实物质量的检查。关键部件首件检查的项目主要包括业主审查后的主要系统部件。

（3）关键部件供货商的控制措施

①进口关键部件首件质量控制计划

按进口合同的规定，必要时业主和监理人员可共同进行在产品产地进行首件检验，根据业主的安排，不需要出国检验时，要求供货方提供产品的型式试验报告和产品质量证明书。进口件开箱检验时，应以首件外观检查为重点，等待首列车组装试验后确认。

②国产采购件首件质量控制方案

制造厂初步设计方案完成后，应编写潜在供应商的资质报告，供业主选择。确定供货商后，车辆监造单位将根据具体情况派人员到供货商现场进行首件检查，索取相关的型式试验报告和质量证书，写出关键部件的首件鉴定报告并提交给业主。

对于便于直接检查的关键部件，也可在交付给车辆制造厂后进行首件检查，要求提供型式试验报告和质量证书，并写出首件鉴定报告提交给业主。但对于没有应用业绩的分包商，车辆监理单位将派人前往考察。

在批量生产和供应阶段，主要方式有进货检验、统计分析、质量问题现场监督等，重点对零部件供应商产品质量一致性保证能力进行监督控制。

2.2.3.2 车辆内外接口的过程管理

轨道交通系统工程主要由土建工程、车辆工程和机电设备工程三部分组成。主要组件不是独立存在的，任何一个单项工程的突出成果，没有其他组成部分的有机配合，就无法发挥地铁系统的独特功能。因此，构件之间的关系是非常复杂和敏感的，设计和施工单位必须真正做到精心设计和施工，才能保证构件之间的协调配合。

车辆系统作为一个独立的子系统，主要包括车体及内部布置、车钩及缓冲器、侧门及车门控制、空调通风、照明、牵引及辅助设备、电制动及受流、空气制动系统及压缩空气供给、转向架、列车自动控制、通信设备、列车诊断系统和微处理控制单元等部分。这些装置的相互作用和影响决定了车辆本身的性能。

在轨道交通系统工程中，车辆子系统、信号子系统、通信子系统、供电子设备与接触网子系统、站台门子系统、线路与轨道子系统、车辆段子系统、环控子系统、防灾报警子系统、车站暖通空调系统和土木工程系统等都有复杂的外部接口。这些接口专业跨度大，技术含量高，协调性能直接决定轨道交通系统的成败。由此可见，车辆内外接口的过程管理非常重要。在接口管理的设计和测试阶段体现了过程管理的 PDCA 理论。

(1) 设计阶段的接口管理

本阶段的主要任务是审查车辆接口文件的进度和质量，召开车辆、信号设计联络、设计审查会议，汇总并报告给业主。

通过定期的接口审核会议，监督各接口的解决过程。会议应围绕影响工程进度的关键问题，尽早指出可能影响工程进度的接口问题，解决潜在的延误问题。接口审核会议由主要系统（车辆系统、信号系统、土建等）的管理层代表和机电系统承包商参加。必要时，负责管理合同、工期和成本控制的经理或技术工程师应出席会议。

接口审核会议的主要的工作方针包括以下的讨论议题：评估优先级；审核接口；控制和监督接口的解决方案；变更追踪；协调与外部单位的工作仲裁；接口签字；向业主报告

整体情况。

（2）测试阶段的接口管理

在系统集成测试过程中，地铁列车的可靠运行是核心问题。因此，工作的重点是验证列车运行相关系统在不同列车速度下的协调性以及在不同运行条件下的协调性，并提出有针对性的动态试验，以达到预期的目的。系统集成测试的重点是验证各子系统之间的软件兼容性和信息传输，确定潜在的匹配、兼容性、冗余度和系统响应时间情况。建议承包商按照以下框架制定系统测试计划，说明关键工作内容，并在系统集成测试前3个月提交，并在整个合同期内及时更新。

测试阶段的接口管理程序见图2.10，车辆内部接口管理见图2.11。

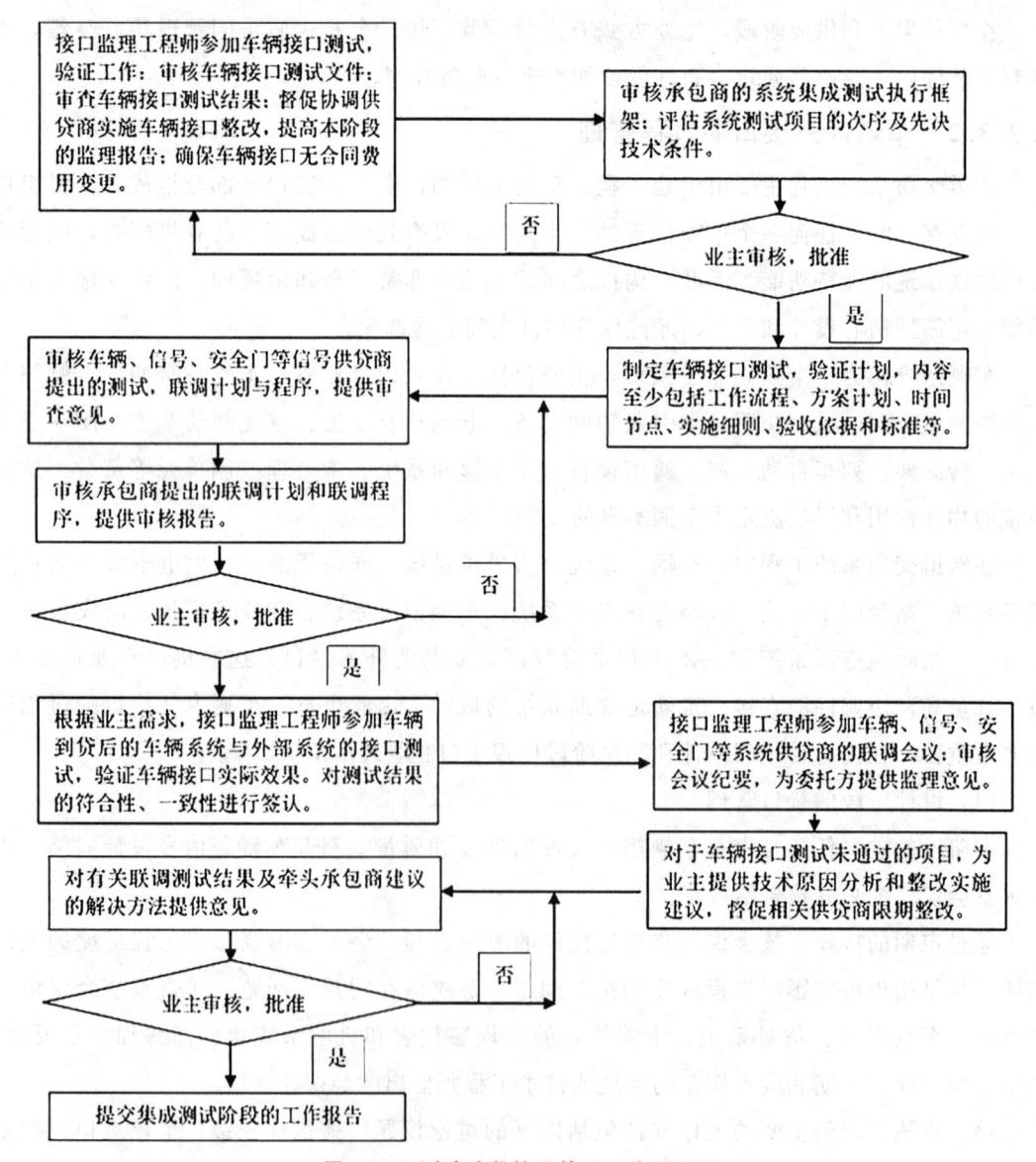

图 2.10 测试阶段接口管理工作流程图

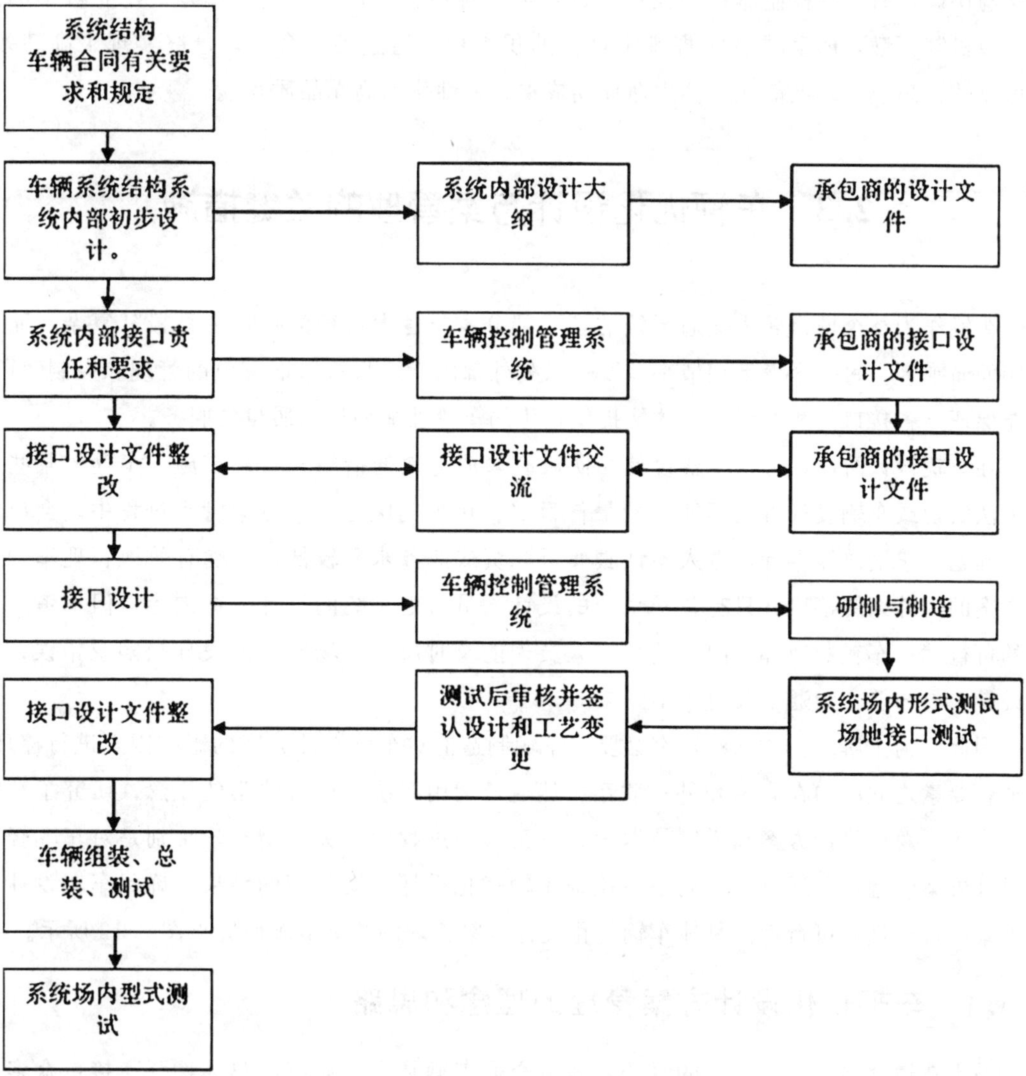

图 2.11　车辆内部接口管理

2.2.3.3　车辆项目团队的过程管理

在车辆项目实施过程中,形成了一套行之有效的项目组织协调机制,充分发挥主观能动性和团队精神,加强沟通,充分发挥每个团队成员的潜能,提高设计团队的工作效率和在项目实施过程中协调的有效性,保证方案的稳定性,使整个项目以低成本、高效率的状态出现。发挥过程管理能动性时,应注意以下几点:汇聚人心,斗志昂扬,齐心协力。要统一每个团队成员的思想和目标,为项目质量提供保证;可执行项目运作模式是提高团队执行力的前提和基础;有效的实施计划和工作计划体系,能迅速、高效地将项目任务分配给相关部门和人员;有合理的组织结构,使项目中的每个团队都能顺利运作,实现人员的合作与协调；有效的控制体系，控制项目目标的实现程度，及时纠正偏差；建立科学的激励约束机制，激发团队成员实现既定目标的积极性；通过各方合作，最终实现了高绩效、高可靠性、高质量、低能耗、低生命周期成本、人性化的高端品质车辆。

2.3 车辆优化设计方案管理的关键措施

车辆作为整个城市轨道交通系统的核心部分，与各大系统的接口关系极其复杂，而且直接面向乘客。每一个设计细节都涉及一系列外部因素，只有采取有效的管理和控制手段，才能保证与各接口的相互匹配，才能提供最优的车辆性能和最高质量的服务。

在车辆设计阶段，如果车辆设计团队没有采取有效的措施和管理措施，车辆的某些功能无法实现或车辆设计方案不能达到最佳目的。在车辆优化设计方案管理过程中，会出现以下问题：车辆总体设计负责人不认真履行职责或业务水平较低，不能有效地管理车辆设计方案的内外系统接口；只有各子系统的设计人员考虑系统的设计方案内容，但不考虑方案的可行性；车辆制造部车门工艺技术人员未能及时反馈现场发现的设计缺陷或错误；车辆设计人员与业主沟通不及时、不到位。

因此，为了解决上述问题，有必要在车辆制造前对车辆设计方案的影响因素进行梳理，理清各要素之间的内在联系和外在联系。然后，运用系统工程方法学的概念，研究了车辆设计来源、总体设计方案和详细技术设计方案管理过程中的关键措施，特别是对车辆轻量化设计方案管理，并通过一系列手段验证车辆优化设计方案管理的结果，确保车辆设计优化方案的合理性和可行性。具体车辆优化设计方案管理的关键措施研究见图 2.12 所示。

2.3.1 车辆优化设计方案管理的理念和思路

城市轨道交通是一个复杂的系统，轨道交通车辆是当中典型的整体性强、接口众多的子系统。在项目管理中引入先进的系统工程管理理论是必要的。

系统工程是一门新兴的交叉学科，至今尚无统一的定义。钱学森的定义是："系统工程是对组织管理系统进行规划、研究、设计、制造、测试和使用的科学方法，是对所有系统都具有普遍意义的科学方法。"系统工程具有整体性、相关性、综合性和满意性的特点。在系统思想的指导下，发展初期主要是应用于工程系统的设计，目前已广泛应用于各行各业，解决复杂和困难的项目规划设计问题、管理控制问题和生产制造问题。系统工程的核心是方法论。系统工程方法论是指运用系统工程研究问题的一套程序化方法，为了达到系统的预测目标，运用系统工程思想及其技术内容解决问题的工作步骤。

系统分析（SA）是在充分挖掘系统问题的现状和目标的基础上，采用建模、预测、优化、仿真、评价等方法，对系统的相关方面进行定性和定量分析，为决策者选择满意的系

第 2 章 轨道车辆设计管理优化

统方案提供决策依据的分析研究过程。系统工程的分析思路如下：首先是初步的系统分析，对现有轨道交通车辆存在的问题有一定的认识，然后提出解决问题的办法，制定研究目标，列出方案。然后，利用系统工程方法对问题进行优化或仿真分析。最后，对系统进行了评估。如果步骤 1 中提出的问题得到解决，则表明优化已完成。否则，继续执行步骤 1，直到问题解决。

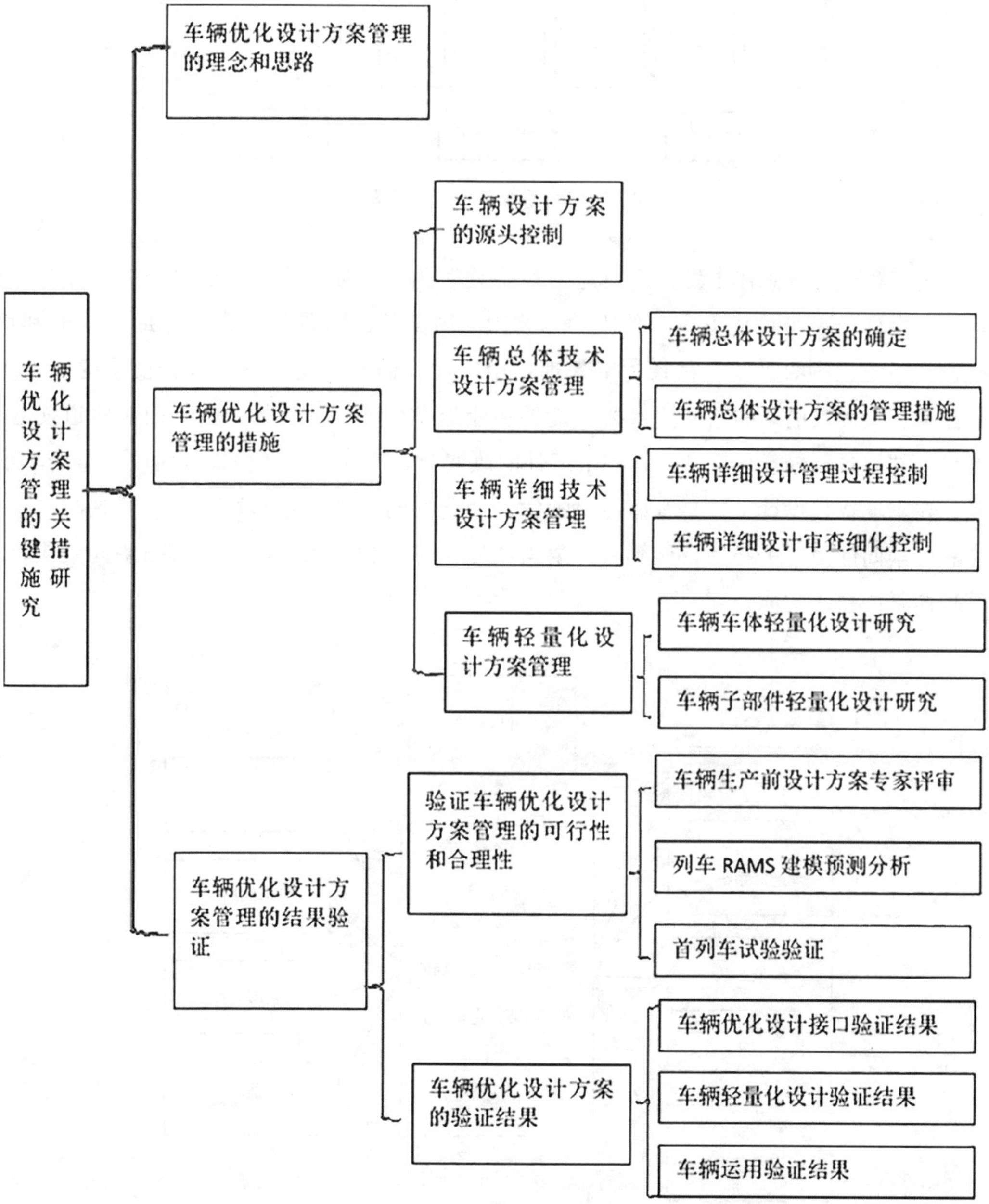

图 2.12 车辆优化设计方案管理的关键措施关系图

轨道车辆生产企业产品生产过程管理优化研究

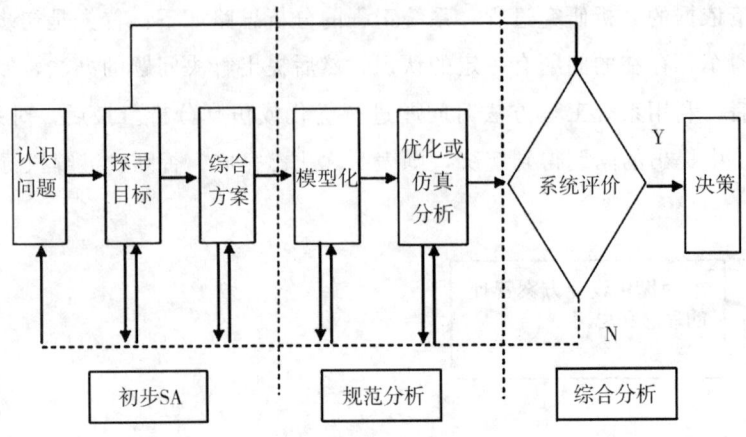

图 2.13 系统工程分析思路

系统工程就是从总体出发，运用运筹学等数学方法，对系统的各个部分进行综合分析和评价，设计出一个最优方案，使人力、物力、财力等因素得到最合理、最有效的利用，最终达到系统工作的目的。在系统工程理论中，当我们要改变一些不符合要求的要素时，必须注意相关因素的影响，使这些要素能够相应地发生变化。例如，当我们对轨道交通车辆的单个部件进行轻量化设计时，一个部件的改变会影响到其他部件，从而改变整个车辆。因此，在车辆优化设计中，要考虑各要素发展变化的同步性，协调好各要素的纵向水平关联性和要素间的横向关联性，做到各个要素相互协调、相互匹配，从而增强协同效应，提高管理体系的整体功能。

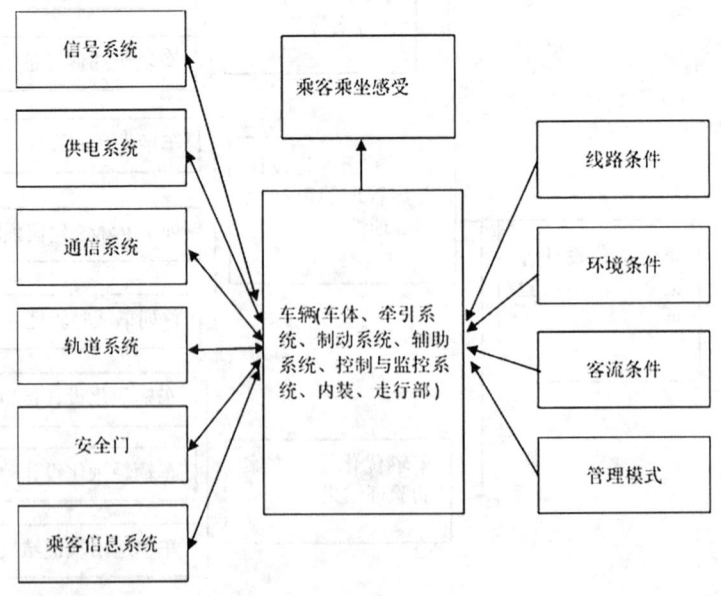

图 2.14 车辆系统接口图

首先，根据系统工程管理理论，结合轨道交通车辆项目的实际情况，阐明了车辆优化设计方案管理的概念和思路：

（1）在轨道交通车辆项目前期阶段，在整个轨道交通系统中，应广泛了解与车辆子系统相关的系统和因素，并在设计初期就充分考虑这些因素对轨道交通车辆的影响，以保证车辆设计方案的可行性和可靠性。

重视轨道交通运营管理模式和运营组织，为确定车辆基本参数和技术要求提供依据。熟悉信号、供电、通信、轨道工程、站台门、乘客信息显示系统等专业技术要求和配置，为确定车辆与相关专业的接口方案提供依据。熟悉轨道交通工程投资和车辆购置成本，为制定车辆技术标准提供依据。对市场资源和车辆技术发展趋势的调查是获得安全运行、先进技术、可靠系统、方便维护、高性价比的车辆工作基础。

总结了国产 B 型车的制造、采购和运营情况，为决策提供依据。

总结各类车辆在生产制造过程中发生的问题，以避免在后续车型中重复发生。

总结了国内外电力牵引系统、制动系统和辅助供电系统等制造、引进和吸收情况，为确定车辆技术标准和提高车辆国产化水平提供了依据。

总结国内 B 型车与各种信号等系统接口的应用情况，为完成车辆与信号等系统接口做好技术准备，提出完善接口方案的建议。

掌握国家有关城市轨道交通的政策法规是顺利完成车辆采购并获得先进技术和合理的车辆价格的重要前提。掌握国家对城市轨道交通车辆国产化要求和国产化率计算方法，满足其要求，是招标文件获得批准的基本条件。一份完整的国产化报告和进口设备清单是免税的基本条件。了解和掌握海关总署对进口轨道交通零部件的税收政策，是完成进口设备进关和免税的基本条件。

（2）轨道交通车辆项目的最终目标是在考虑成本的前提下，为乘客提供方便快捷的服务。因此，在车辆设计过程中，应根据轨道交通车辆系统的特点，坚持以人为本的原则，正确处理车辆系统各子系统之间的关系，并考虑成本因素。

①坚持以人为本的原则

城市轨道交通是一种普遍的交通运输工具，要坚持以人为本，实现安全、可靠、舒适、方便的方针。

②考虑车辆购置和运营成本

要努力降低车辆的购置成本。要在满足轨道交通客流及行车组织，适应轨道交通运营管理模式，坚持性价比高，兼顾技术先进性的前提下，制定车辆的技术规格要求。降低运营成本是在考虑车辆的全寿命周期，同时考虑重要部件的国产化。

2.3.2　车辆优化设计方案管理的措施

2.3.2.1　车辆设计方案的源头控制

车辆设计在整个轨道交通中占有重要的地位，其设计方案的控制实际上是一项庞大的系统工程。因此，它需要整个企业全体员工全方位、全过程的控制。特别是车辆设计方案的源头控制，其关系甚至决定了后续环节成本的基本趋势和风险基调，因此显得尤为重要。根据上述系统工程理论：先整体后局部，先规划再实施，再调整。按照这样的思路：首先通过前期调研和设备调研等一系列准备工作，结合类似项目的经验，明确考虑与车辆子系统相关的因素，然后将车辆系统划分为几个关键子系统，车辆设计应以子系统专题报告的形式进行细化，提出用户技术要求。最后，采用专家讨论等有效手段确定车辆总体技术方案。车辆设计方案的源头控制主要体现在以下几个方面：

（1）资料收集和初步设计文件研究

收集各种车辆、牵引系统及其子系统供应商产品的数据，以及各地铁公司的车辆应用情况资料数据，同时配备最新的国际国内标准，为后续工作做好准备。

认真阅读轨道交通工程可行性研究报告、总体设计、初步设计报告及相关文件，研究讨论确定《车辆用户需求书》的基本边界条件，包括自然条件、通信信号条件、供电条件、线路条件、限界条件等。

（2）考察调研

当前，国内地铁车辆主要是中国中车旗下各大车辆制造厂生产。每个整车厂都有自己的整车设计平台，各平台的设计理念和方案各有侧重。我们必须对各种方案有全面、详细的了解，以便在以后的设计中合理选择各种方案，使之最适应某市轨道交通的情况。为了详细了解国内地铁车辆制造企业地铁车辆最新制造技术的现状和发展趋势，学习相邻城市地铁运营管理模式的先进经验，为轨道交通工程建设提供参考，为了使轨道交通项目从一开始就从高起点建设，实现"国际领先、国内最优"的目标，因此，对国内车辆制造企业和其他地铁运营公司进行实地考察显得尤为重要。业主和车辆咨询单位共同确定现场调查的范围和内容。

国内地铁车辆制造企业的调查内容为以下内容：

①经营管理能力。包括管理制度、经营业绩、合同信誉、核心竞争力等，反映了整车制造企业合同业务执行能力。

②制造能力。包括生产规模、产品类型、质量见证点设置制度、质量保证体系、生产工艺、关键部件的制造设备、原材料供应、检验和试验计划、合作与配套厂家状况、进出口业绩等。

③技术能力。包括设计和自主技术优势、人员技术水平、质量管理体系、产品技术性能、研发创新能力、试验检测设备等。

④用户反应。包括车辆运行和维护保养。对地铁运营公司调查内容为以下内容：运营管理模式。包括管理体制、组织机构、各部门分工协作、安全保卫制度等；列车运行图安排。包括应急管理、行车组织、车站管理等；车辆维修管理制度，包括车辆段设置、设备、管理制度、质量检验、生产维护等。

通过与中国南北车旗下各大车辆制造厂及西门子、克诺尔等关键零部件制造商的技术交流和实地考察,针对某市轨道交通车辆主要系统的组成和功能要求,参照相关技术指标和标准要求,对数据收集和调查结果进行了总结和整理,并对各系统的工作原理和设备组成及性能要求等方面进行了分析,并进行多种方案的比选,为车辆用户需求书的详细编制提供技术支持。组织车辆相关专家编写并先后完成了以下专题:

表 2.3 专题研究报告目录

序号	名称	主要内容
1	车体专题	车辆车体的材质、结构、焊接工艺、承载能力的比选
2	转向架专题	车辆转向架动力学性能、结构参数、构架强度、传动方式、牵引装置、悬挂系统、减振方式、互换性、可维修性等
3	车轮专题	采用标准、结构形式、材质硬度、踏面尺寸、轮轨关系、降噪措施、润滑方式、采购成本、备品备件等方面
4	牵引逆变器(VVVF)专题	性能参数、过载能力、控制方式、故障诊断和记录、冷却方式、安装方式、元器件配置等
5	牵引电机专题	电机功率、转差率、过载能力、润滑方式、散热方式、悬挂方式、测速方法
6	空气制动系统专题	控制方式、性能参数、故障诊断和记录、各类阀体管线配置方式、动拖比方案、电空转换方式、冗余方案等
7	辅助系统(SIV)专题	结构型式(分散供电、集中供电)控制方式、性能参数、故障诊断和记录、冷却方式等
8	车辆与信号接口技术专题	管理接口、技术接口、物理接口等
9	乘客信息系统专题	传输实时录影、显示方式、性能参故、扩展能力等
10	空调、采暖及通风专题	空调机型式和制冷量、采暖装置形式和供热量、风道设计与风量调节方法
11	车辆监控和防灾报警专题	布置方式、传输能力、联动方代、疏散方式
12	车辆试验专题	实验内容、试验标准、第三方见证试验、试验型式、试验报告
13	全寿命成本管理专题	主要配件寿命、维修模式、互换性、国产化改造、配件供应、试验设备、资源共享等
14	列车运行速度专题	列车运行速度的选择以及与信号系统ATP、ATO的设置关系
15	牵引计算专题	牵引计算的方法、条件、内容、结果

④接口协调

召开与信号、通信、限界、站台门、车辆段工艺设备、总体设计等专业进行接口协调会议，为便于编制车辆相关接口章节的技术规范。

⑤编写与专家研讨

在完成所有前期准备工作的基础上，开始组织各专业人员编制《车辆用户需求书（讨论稿）》。之后，业主组织设计院、车辆咨询单位等相关人员进行了详细讨论，修改后形成了《车辆用户需求书（初案）》。根据机电设备接口界面划分和管理要求，进一步讨论和修改，形成《车辆用户需求书（征求意见稿）》，送到国内车辆制造厂征求意见。最后，根据车辆制造厂、总体设计和设计咨询单位的反馈，形成《车辆用户需求书（送审稿）》。最后根据各部门的意见和建议，形成《车辆用户需求书（报批稿）》作为车辆招标文件的重要组成部分，报国家发改委审批。

2.3.2.2 车辆总体技术设计方案管理

2.3.2.2.1 车辆总体设计方案的确定

轨道交通车辆的主系统包括牵引、制动、空调等各子系统，这些子系统之间相互联系，各子系统与车辆之间有许多系统接口，十分庞大且复杂。因此，在技术合同谈判和设计联络阶段，应采用系统工程管理的概念对整个系统进行方案管理。根据系统工程理论的思想，在改变某些不合格因素时，必须注意相关因素的影响。因此，在技术谈判和接口谈判过程中，还必须明确车辆系统内部子系统之间的关系以及车辆与其他外部系统的关系与影响。应注意的主要问题有：

技术谈判中的关键问题：供货商承诺的标准是否与招标文件中规定的标准一致；供货商投标文件中的潜在偏差；供货商承诺的技术条件和参数是否与招标文件中规定的一致；供货商承诺的设备（硬件、软件）和服务是否与招标文件中规定的一致；供货商是否能完成所有要求的试验并提供所有试验需要报告。

（1）接口谈判中的关键问题

接口分为内部接口（车内各系统之间的接口）和外部接口（车辆与信号、通信、供电、轨道等的接口）。具体见接口界面图。

关注对接口谈判过程中产生接口的各方之间容易推卸责任的关键接口项目和接口细节；关注接口管理方法；关注接口的技术要求和实现方法；掌握接口实现的时间节点；接口的实施必须具有可操作性，以便于业主和监理的监督；产生接口的双方接口会议，其输入的接口文件、资料，输出的接口会议纪要、补遗、新接口文件、资料等，都必须提交业主审核、备案。

2.3.2.2.2 车辆总体设计方案的管理措施

在车辆总体设计方案管理过程中将根据实际需要，在业主、供应商、车辆咨询单位等各方充分交流的基础上,将采取以下措施,确保对项目的质量、进度、技术进行控制和保证,以便更好的满足项目需求。

(1) 组织措施

制定车辆项目设计管理人员岗位责任制,并在研究深度、行为规范、工作流程、责任范围等方面做出明确规定。建立会审、例会、质量分析会制度,检查设计方案的质量、进度和技术保证措施的落实情况;

(2) 技术措施

①技术文件和设计成果的审核制度

设计过程中的所有技术文件和成果必须进行审查。一般技术文件由设计人审查,设计负责人签署审查意见;跨学科技术问题由设计人与车辆咨询单位技术人员一起审查;对影响项目服务质量水平和顾客满意度的主要技术文件和项目成果,业主应按照业主相关控制程序组织审查。

②信息沟通制度

设计服务联络单是记录设计工作和与业主交流信息的载体,也是追溯设计质量、进度和技术的依据。

2.3.2.3 车辆详细技术设计方案管理

车辆详细技术设计管理分为总体控制和细节管理。由于轨道交通车辆设计涉及的内容广泛,本文采用系统工程理论,对某市轨道交通1号线一期工程详细设计管理全过程进行系统化。通过有效的措施,对纵向总体管理过程和横向设计审查分别进行控制,确保详细技术方案的可行性。根据车辆系统内部各要素的相关影响,协调各要素的纵向和横向相关性,实现车辆系统整体功能的优化。

2.3.2.3.1 车辆详细设计管理过程控制

首先,整车设计管理过程需要从全局出发,进行全面控制。由于车辆设计涉及多个部门,全面控制需要与这些设计部门协调沟通,加强控制。在主方案设计的基础上,进行了详细的优化设计,并对主要车辆系统方案进行了对比分析。结合所选关键部件供应商的技术特点,完成最终设计方案,形成产品施工图。在确定详细技术设计方案的过程中,应及时对设计情况进行检查,以实现对项目设计质量和设计进度进行全面有效的管理。

在全面控制的实施中,可定期召开设计审查会,车辆咨询单位的设计负责人、技术负责人等专业人员积极参加设计审查,使设计结果符合合同技术要求。在工艺选择上,尽可能选择经济合理、安全可靠、便于维护和使用的新工艺、新技术、新材料,在一定的经济条件下,最大限度地提高产品设计的技术先进性。

在设计过程中,通过业主、车辆咨询单位和设计单位的意见交流,使设计人员充分了解用户的意图,并将技术规范书的主要技术要求融入设计中。认真核对设计人员选用的技术标准，使设计达到技术先进、经济合理、安全可靠、环保的要求。

2.3.2.3.2 车辆详细设计审查细化控制

在车辆设计审查过程中，加强重点部位控制，从车辆总体、车辆工艺、车体及转向架组装、车辆配套设备安装等横向分系统的审查，严格控制车辆详细设计方案质量。

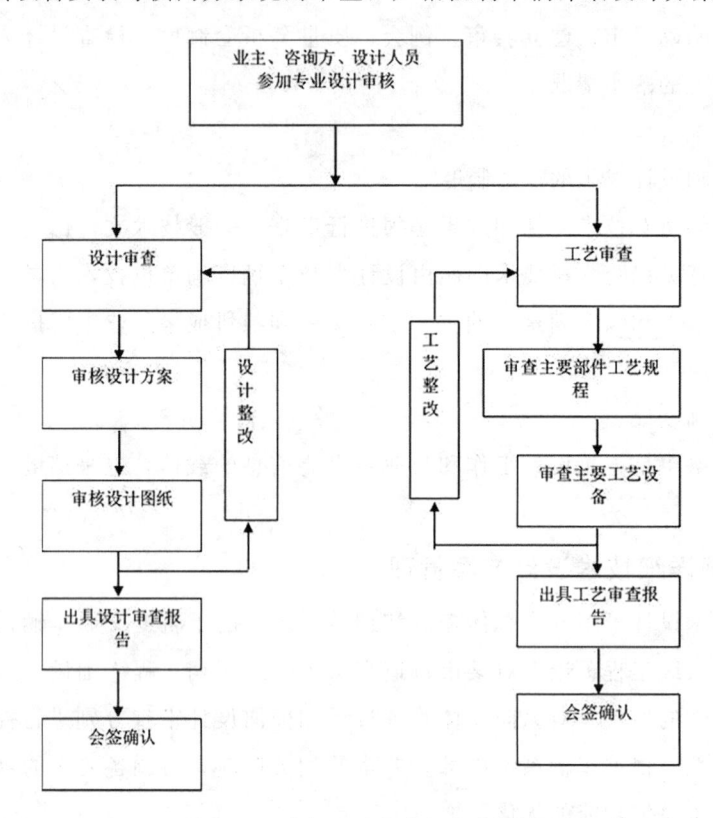

图 2.15 车辆设计审查程序流程图

车辆设计审查关键内容主要有：

（1）车辆总体的审查

车体结构的形位尺寸按技术要求是否满足合同要求；审查车体强度计算；车体外部形态是否美观合理；车体内装及车内设施布局的审查；车上和车下设施布置的合理性、安全可靠性、便于维修性进行审查；制动、车门、牵引、车钩等系统其功能是否满足需求；其余辅助设施的审查。

（2）车辆工艺设计审查

单件生产工艺措施必须保证所生产的产品配件符合图纸的技术要求；零部件的制造工艺措施必须保证满足图纸要求和有关规范、规范的工艺要求；避免过于简单导致粗制滥造的工艺要求现象发生；总成部件组装工艺要求应细致周到，并强调进入装配现场的零件必须是合格产品，并有相应的标识或合格证；工艺设备设计，由于实现方法较多，原则上应尊重工艺设计人员的选择，但最终产品必须满足图纸要求；组焊件应尽可能保证平焊工艺的实施，减少立焊和仰焊；组焊件的工艺装备，应体现有控制变形的措施与功能或另有补救措施；电器、电线的安装和接线应有明确的工艺要求；每一组的试验人员应有具体的试验大纲或操作程序。

（3）转向架审查

审查转向架构架技术选用是否具有多年运用或成熟案例，确保安全可靠；审查转向架构架原材料选用是否有成熟的运用案例；审查转向架配套设施的选用、布局是否合理、安全可靠，是否便于维修；审查转向架轮轴系统的设计选用是否合理，安装牢固可靠；审查牵引电机与转向架的安装接口是否合理安全可靠；审查转向架一系簧、二系簧配套厂家产品的可靠性和运用案例介绍；审查转向架制动系统设计的合理性与可靠性；审查转向架各部件组合形位尺寸和台差；审查转向架选用的技术标准；审查转向架的设计技术要求与文件。

（4）车体与转向架组装审查

转向架型式；空气弹簧结构、高度调整装置安装方式及阻尼特性；抗侧滚扭杆结构及安装方式；中心销安装及中心距；牵引装置结构；二系弹簧结构及安装方式；油压减振器结构、安装及阻尼特性；横向橡胶止档安装及缓冲特性等；转向架与牵引电动机、驱动装置（含齿轮箱、联轴节）间组装设计是否合理。

（5）车辆配套系统设备安装设计审查

审查车身部件和其他车辆系统的装配设计。包括：车辆及电气牵引系统、空气制动及风源系统、空调系统、受电弓、辅助供电系统、列车广播设备、乘客信息显示系统、车门系统等配套设备的组装设计。

司机室设备安装（包括司机控制台、控制盘柜、信号显示屏、按钮等）安装是否可靠。

客室设备（包括照明、广播喇叭、摄像镜头、LCD液晶显示器、紧急报警装置、立柱、扶手、座椅等）是否安装合理可靠，以满足乘客。

列车控制及监控系统与VVVF逆变器、辅助电源系统、空气制动系统、空调系统、客室电动门、列车广播设备及乘客信息显示系统接口连接是否合理可靠。

2.3.2.4 车辆轻量化设计方案管理

在车辆技术方案设计体系中，轻量化设计是车辆设计的发展趋势，车主希望通过各种方法减轻列车重量，降低能耗和运营周期成本。汽车轻量化设计的主要研究方向是：

（1）车体结构和型材的优化；

（2）铝蜂窝等复合材料的广泛应用；

（3）采用新的系统集成技术。

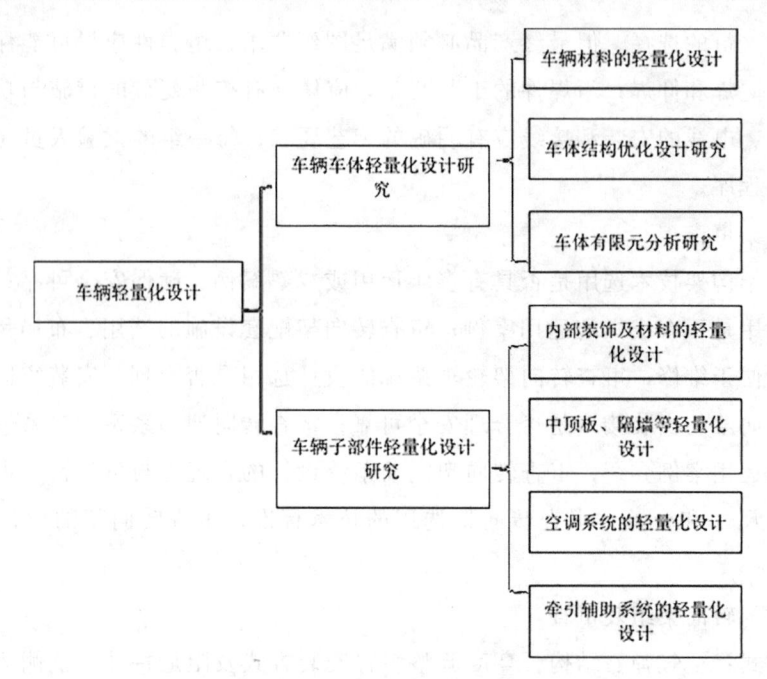

图 2.16 车辆轻量化设计过程图

2.3.2.4.1 车辆车体轻量化设计研究

在车辆轻量化设计中,车身轻量化成为最重要的优化途径。车身的轻量化有以下几个方面优点:减少车辆重量可以降低运行阻力,节约牵引和制动所需的能量;降低对轨道的压力,从而减少车轮和轨道的磨损;降低车辆和轨道的维护成本;直接减少施工中使用的材料车辆。

本文介绍了车体的选材和结构优化两方面,通过有限元分析,达到轻量化设计的目的。

(1) 车体材料的选择

车体轻量化设计的关键是车体材料的选择。轨道交通车辆的车体材料直接关系到车辆运行的安全性和乘客的舒适性,关系到车辆的载客能力和能耗,影响到车辆维修工作量,关系到车辆购置和运营维护的成本。车体材料的选择应根据不同材料的特点,在保证安全、可靠、经济的前提下,综合分析经济性能。根据系统工程管理理论,从车身系统的各个子技术因素对其型号进行了分析。

以某市轨道交通 1 号线为例,某市轨道交通 1 号线车辆采用铝合金车体。与碳钢和不锈钢相比,铝合金在性能的各个方面都有很大的优势,特别是在轻量化方面,具体如下:

①轻量化效果

铝合金的比重只有钢的三分之一,弹性模量只有钢的三分之一。为了减轻车体自重,铝合金在实际设计中充分利用其的性能特点,采用了大型空心挤压型材。对于 B 型车,日本铝合金车体重量已达 4 到 5 吨,比普通钢制车轻 50%。目前,我国车身重量达到 6 到 7

吨，比普通钢车身轻约 30~50%，比不锈钢车身大约轻 12~30%。

轻质不锈钢的比重相当于全钢的比重，但不锈钢的强度是钢的 1~3 倍。在相同强度下，截面可以变小，所用板材更薄。然而不锈钢的弹性模量仅为钢的 85%（$E=1.76×10^5 N/mm^2$），其刚度较小。因此，应将大量的薄板轧制成加强板与外板点焊接形成空腔，并用以提高其强度和刚度。日本轻量化不锈钢车身重量约 6~7 吨，比普通钢制车体轻约 30%。目前，我国轻量化不锈钢车体重量约为 8~9 吨，比普通钢质轿车轻约 10~20%。

②耐腐蚀性

铝合金车体具有良好的耐腐蚀性。根据其他项目的使用经验，在 20 年的使用寿命内，未涂装的铝合金车体仍具有良好的耐腐蚀性，但此后，由于大气中的腐蚀条件（水和油漆清洗剂等的作用）表面腐蚀、点蚀和颜色变化将会影响美观。因此，铝合金车体应涂漆，以保证 30 年的使用寿命。

轻型不锈钢车体具有优良的耐腐蚀性。当铬含量超过 12% 时，不锈钢电极电位由 -0.56V 增加到 +0.2V。不易发生电池腐蚀，明显提高了钢的耐蚀性。因此，不锈钢车的外表面不需要涂漆，可以长期保持新建外板的光泽，无需维修和重新涂装。

③气密性

铝合金车体采用整体焊接结构，气密性优越，不惧怕沙子和雨雪的侵入，这有利于提高最高运行速度。

不锈钢车体气密性差。由于不锈钢的热膨胀系数是钢的 1.5 倍，导热系数只有钢的三分之一，电阻率大，这就决定了不锈钢车体必须采用点焊而不是连续焊，造成板与板之间的密封性能差。

④工艺性

铝合金车体具有良好的加工性能。当前广泛采用的结构形式是大型中空型材组焊接结构。由于车身零件数量少，焊接工作量少，简化了车身制造工艺，易于实现自动化，大大降低了车身制造成本，提高了产品品质。

不锈钢车体制造工艺复杂，零部件采用搭接方式，不允许连续焊，只允许电焊。并且不锈钢的成形非常困难，有些部件，如枕梁、牵引梁和前端模型必须由钢或玻璃钢制成。车体外表面不能用火调平，冷弯件和冷压零件制造精度高。

⑤外观性

铝合金车体外观形象良好。铝合金车体外观平整，可根据外部环境和城市特点进行涂装美化，达到与人与环境相协调的效果。

不锈钢车体外观不如铝合金车体美观。由于不锈钢车身没有涂层，所以在外表面总有点焊痕迹。门框结构与整体侧墙外表面不协调。车身外部不涂漆，不易美化，很难与外部环境达到和谐的效果。

⑥安全性

铝合金车体防火性能较差。铝合金的熔点为 660 ℃。在火灾情况下，铝合金车厢会在短时间内熔化，不利于乘客的安全逃跑。

不锈钢车体具有良好的防火性能。不锈钢的熔点为 1500 ℃，是铝合金的两倍多。发生火灾时，车体不会迅速倒塌，有利于乘客逃生。

⑦经济性

铝合金车体一般用于对速度要求较高或对轴重限制的列车上，能更好地发挥其性能优势。对于高轻量化列车，其重量轻、气密性好的优点更加显著，但其制造成本高于不锈钢车体。

不锈钢车体具有很强的耐腐蚀性，不需要涂装，不仅可以节省大量的硬件设备投资，而且还能节约劳动力成本，同时减少环境污染，带来非常大的经济和社会效益。

（2）车体结构优化设计研究

本节以某市轨道交通 1 号线一期工程车辆工程为例，主要从车体结构和材料梁两方面对轻量化车体技术进行研究。本课题采用自主设计的方法，对轻量化车身进行了研究。设计中考虑了鼓形车体结构、客室塞拉门结构、单层地板结构、空调顶置式安装方式、司机室手动隐藏门等因素，达到静态纵向压缩载荷 1000 KN，车体静态纵向拉伸载荷 800 KN；车辆正挠度在 AW0 时 $\geqslant$ 12.6 mm，AW3 时 $\geqslant$ 0 mm 的技术要求。采用了铝合金全焊接整体承载技术，整车重量低于国外同类车辆平均重量，具有重量轻、模块化程度高、刚度高、强度好、承载性能好、密封性能好等特点，可有效节省空调能耗，显著降低车内噪音，提高车内舒适性。

轨道交通车辆车体作为整车的主要承载部件，采用整体承载结构。车体主要由底架、侧墙、端墙、顶盖和司机室组成。它承受垂直、纵向和扭转等载荷，传递牵引力，具有隔音、减振、隔热等功能。使用寿命为 30 年，在正常运行条件下不会出现疲劳和永久变形。在 TC 底架驾驶室端部，左右两侧设有防爬器，以防严重碰撞事故时发生爬车和车身插入车厢的情况。为了局部吸收碰撞能量，防爬装置焊接有可更换的能量吸收装置，使碰撞过程中产生的能量变形吸收，降低客室区域的应力水平，降低乘客受伤的风险。

为了达到轻量化的目标，本工程采用鼓型结构车体。与"V"型和"桶"型车体相比，鼓型车体具有优美的截面形状。车体凸出的位置相当于乘客坐姿时腰部和肘部的高度，具有合理的人体工程学要求。与"V"和"桶"形截面相比，车身凸出位置充分利用了车辆限界，增加了车辆的使用面积，增加了载客量。由于鼓型车体侧壁采用鼓型结构，侧壁刚度不如平面型"V"型和"桶"车体。为了提高车体刚度，对车门立柱、侧墙结构、侧墙轮廓和侧墙连接结构进行了优化，使车体刚度完全满足用户的需求。

本项目自主研发 B 型车全焊接鼓型铝合金车体，材料轻量化方面达到国际先进水平。车体设计采用有限元仿真计算和优化技术。通过计算机仿真计算和优化技术，按照 EN

12663 标准对车体结构进行优化，对车体强度、刚度、型面结构、车体重量等参数进行优化，寻找最佳平衡点，使车体不仅能满足强度要求，同时也能达到最轻的重量。解决了传统的车身设计方法中，车身强度与重量之间的矛盾，不能有效、快速地进行车身设计优化的问题。

本项目采用有限元法对车体进行了设计，并对车体进行了计算分析。采用 EN12663 标准对车体的计算结果进行了评价。采用数值模拟分析方案，对全焊接铝合金车体进行了模态分析和疲劳评估。在模型简化、边界条件约束和荷载工况加载等方面与欧洲最先进的公司一样。在计算方法和评价标准上，与欧洲最先进的企业保持一致，在国内处于领先水准。

通过收集整理国内外挤压型材标准和国内外铝合金车体型材截面，对型材宽度、厚度设计、筋板设计、型材间插口设计等方面，分析了适用于车体不同部位的型材壁厚和公差设计，制定了型材设计规范，指导型材设计，采用有限元法对设计的型材进行分析和优化，得到了最适合力学性能和挤压性能的型材截面。自主开发的全焊接铝合金车体型材，在轻量化、挤压方面达到国内先进水平水准。

通过数值模拟与分析轻量化优化设计，依托项目车辆，与传统设计相比，壁厚减少 0.5~1 mm，优化车体结构。优化后的整车型材和结构重量减少约 300 kg。

图 2.17　铝合金轻量化焊接车体

（3）车体有限元分析计算

在选定车体材料和基本结构后，采用有限元法进行仿真分析。根据分析结果，对局部结构进行调整，以达到最优化的结构。

有限单元分析是基于固体力学中的三个基本方程，即本构方程、几何运动方程和平衡方程。平衡方程反映了结构在平衡状态下的外力（外载荷）和内力（应力）之间的关系，这是对于线性和非线性有限元问题的使用普遍使用的准则。

本构方程描述了结构材料参数之间的关系，如应力、应变、应变率、加载时间、温度等。经典弹性理论只考虑应力和应变，认为它们是线性的。温度作用不影响线性关系，只影响线性方程的常系数，这是著名的胡克定律。

几何运动方程描述了位移函数和应变函数之间的关系。在经典弹性理论和塑性理论中，假定结构的位移、转动和应变都很小，并且结构变形时荷载方向不变，从而计算出线性的几何运动方程。

结构静强度和刚度分析属于线性有限元的范畴，结构模态分析和屈曲分析可根据研究对象和工作状态的不同，采用线性有限元或非线性有限元分析特性。

线性有限元是一种基于弹性力学的数值分析方法，这是通过抓住重点，合理假设得到的。重点是小变形，得到了两种特殊关系：线性本构关系，特定条件下的几何方程。

有限单元法的思想是将结构划分为多个单元进行单元分析，然后将这些单元组合成原始结构进行整体分析。在这个过程中，将一个复杂的结构计算问题转化为几个简单形状单元的计算问题，最后归结为线性方程组的求解。由于离散后单元的数目是有限的，因此这种方法称为有限单元法。

单元分析的目的是得到反映单元节点力与节点位移之间转换关系的单元刚度方程，该方程在数学上以矩阵的形式表示，即单元刚度矩阵。

单元的组集基于两个条件：节点的静力平衡条件；节点处的位移协调条件。同时，通过坐标变换，将局部坐标系下的单元刚度矩阵转化为总体坐标系下的单元刚度矩阵，并将其组合成结构刚度方程，如下所示：

$$[k]\{\delta\} = \{P\}$$

其中 $[k]$ 是结构刚度矩阵，$\{\delta\}$ 是节点位移阵列，$\{P\}$ 是外载荷列阵。

上述方程是一组线性方程组，其中，当结构材料确定时，单元节点坐标已定，确定 $[k]$ 中的元素，外部荷载为已知量。因此，在消除刚体位移后，通过求解该方程组得到结构节点的位移，进而得到单元的内力。

在有限元分析中，可以采用多种单元对结构进行离散。一般来说，高次等参元具有较高的精度。因此，为了达到相同的精度，采用高次等参元可以减少单元数，缩短计算时间，就具有较高的运算效率。

本项目静强度和刚度分析采用有限元方法，采用 HyperMesh 和 ANSYS 商用专业有限元分析软件，对模型进行前处理和后处理，使用 ANSYS 进行分析求解，依据 EN 12663 标准求解工况。HyperWorks 是一个创新和开放的企业级 CAE 平台。它集成了设计和分析所需的各种手段，并具有良好的性能、高度的开放性、灵活性和友好的用户界面。它在工程中得到了广泛的应用。其软件包下的 HyperMesh 通过高性能的有限元建模，极大缩短了工程分析的准备时间。

Hyperview 是一个更简洁、更易于操作的后处理分析工具。ANSYS 软件是美国 ANSYS 公司开发的大型通用有限元分析软件。它是世界上发展最快的计算机辅助工程 (CAE) 软件。它可以与 Creo, NASTRAN, Alogor, I-DEAS, Auto CAD 等大多数计算机辅助设计软件接口,实现数据共享和交换。它是一个集结构、流体、电场、磁场、声场分析于一体的大型通用有限元分析软件。广泛应用于核工业、铁路、石油化工、航空航天、机械制造、能源、汽车运输、国防军工、电子、土木工程、造船、生物医药、轻工、地矿、水利、家电等领域。ANSYS 不仅功能强大,而且操作简单方便。目前它已成为世界上最流行的有限元分析软件,在以往 FEA 评比中排名第一。

根据对实际结构,采用板单元离散车身结构。整个 TC 车体离散化后,共有 598966 个节点和 702771 个单元。TC 车体离散模型和头部局部有限元模型如图 2.18 所示。MP 车体离散模型的节点数为 628371,单元数为 748886。M 车体离散模型的节点数为 626577,单元数为 739361。MP、M 车体离散模型分别如图 2.19、2.20 所示。

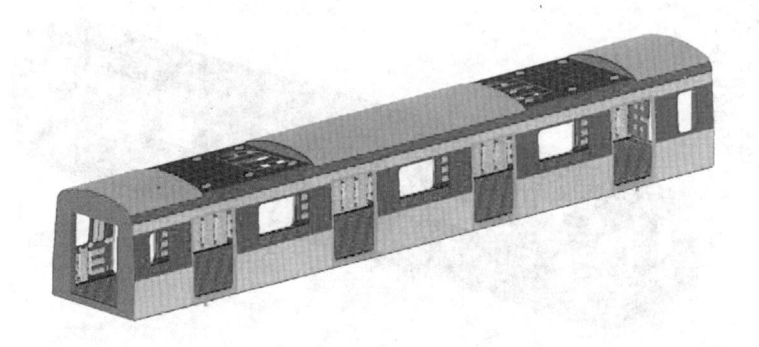

图 2.18 TC 车体有限元离散模型

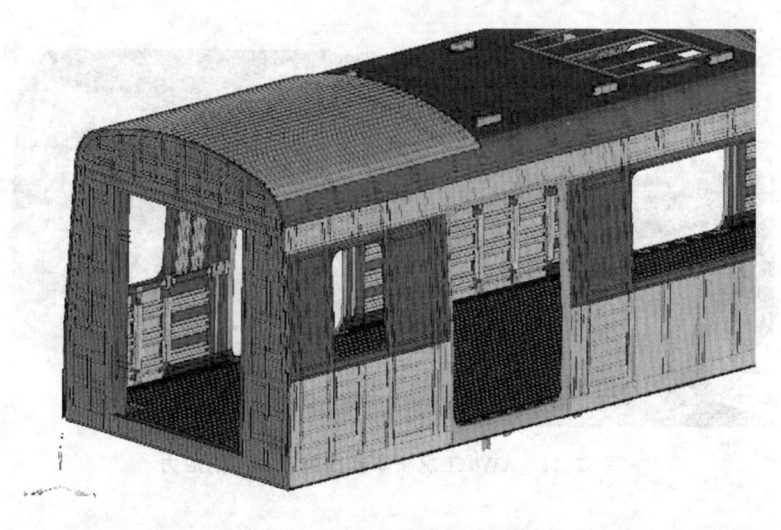

图 2.19 MP 车体有限元离散模型

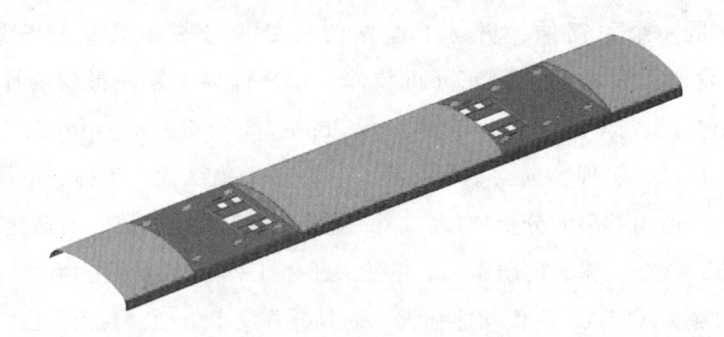

图 2.20 M 车体有限元离散模型

ANSYS 软件的求解器将上述弹性力学微分方程进行集成。利用该软件对 EN12663 要求的工况进行了计算和模拟。根据所用材料的力学性能和焊接性能评价计算结果是否符合设计要求。部分工况计算结果见下图。

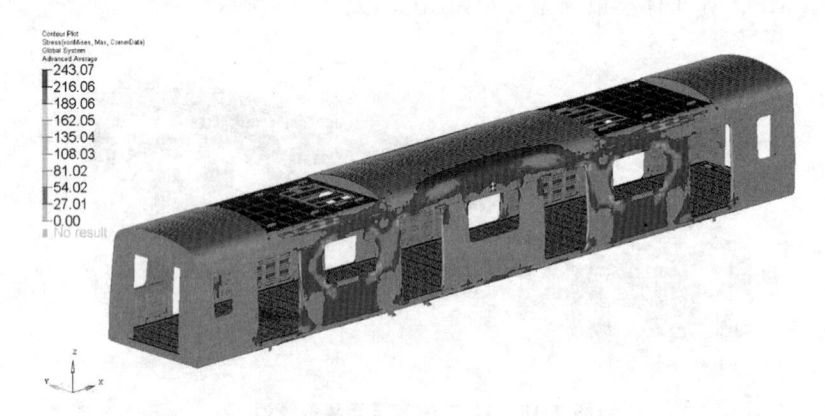

图 2.21 垂直过载工况（AW3）下的应力

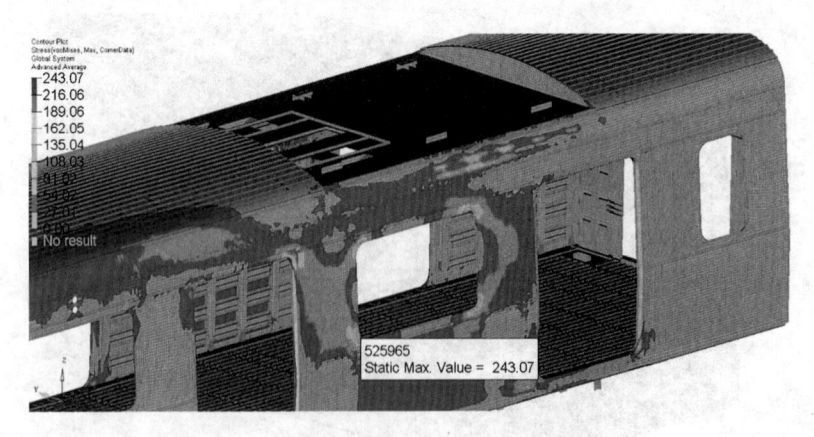

图 2.22 AW0 工况＋车钩压缩载荷下的应力

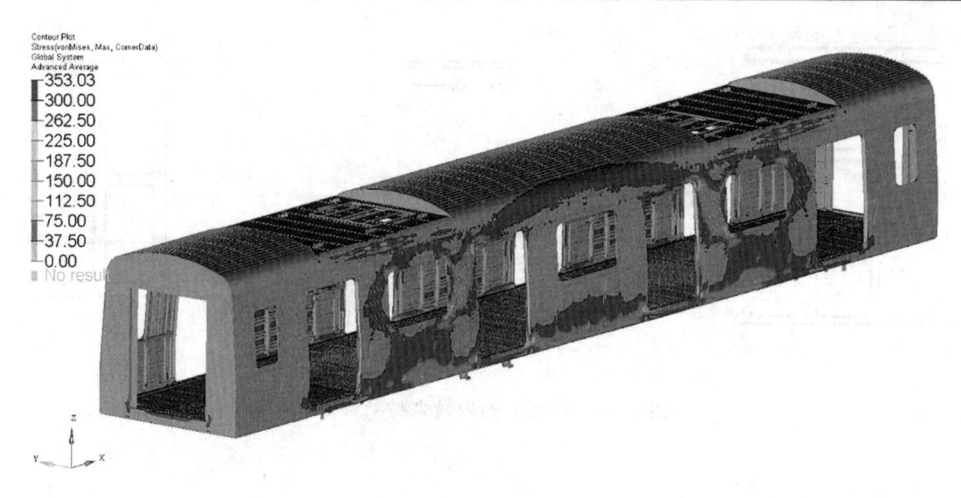

图 2.23　AW3 工况+车钩压缩载荷下的应力

图 2.21～2.23 列举了部分工况车辆仿真计算结果。

通过对国内外挤压型材标准和国内外铝合金车体型材截面的收集和整理，分析了适用于车体不同部位的型材宽度、厚度设计、型材的筋板设计、型材之间插口的设计、型材壁厚设计、型材公差设计等，以制定型材设计规范，指导型材设计。对型材进行分析和优化，得到最适合型材力学性能和挤压性能的型材截面；全焊接铝合金车体型材截面是自主研发的，在轻量化和挤压方面达到了国内先进水准。车体采用轻量化设计，结构可靠，符合相关标准要求，与优化前的车身平台相比，整车的轻量化指标有了显著提高。

2.3.2.4.2　车辆子部件轻量化设计研究

在本项目中，对各子系统的部件从材料和组成上进行了轻量化设计和研究。根据本项目车辆的特点，将部分研究成果应用于车辆的设计和制造中。

（1）内饰与材料

在满足强度的前提下，对车体内饰材料的选材，选用轻量化的蜂窝板、玻璃钢或更新型的环保轻质材料，尽可能避免使用重型不锈钢材料。在结构设计中，采用集成模块化设计，并对各部件的强度进行了分析，如端墙柜盖与端墙装饰板一体化，简化了连接结构，减少了连接件，减轻了设计重量，提高了互换性。在前期研究项目的基础上，对一些轻量化的内装结构进行了研究，并应用于后续项目的设计中。在内装型材方面，通过对型材结构的优化，优化了型材筋板的分布和类型，并结合骨架优化，研究出大量可用的轻型内骨架型材断面。下图显示了一些内装型材截面图：

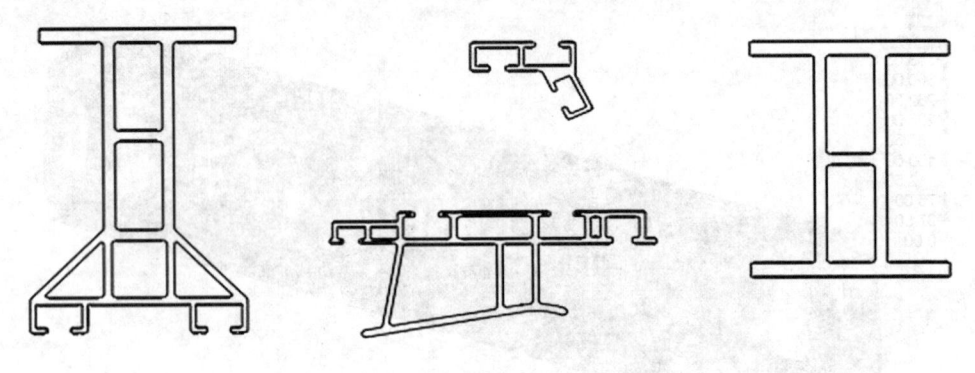

图 2.24　优化后的内装型材断面图

（2）铝蜂窝复合结构

中顶板、隔墙、端墙采用质量较轻但强度较高的铝蜂窝复合结构，侧顶板选用壁厚为 4 mm 铝型材加工而成，在保证强度条件下，将侧墙板的厚度由 8 mm 铝蜂窝优化为 2 mm 铝板，均可以达到减重的效果。

表 2.4　内饰材料使用情况汇总表

序号	大部件名称	小部件名称	材料材质
1	侧墙	侧墙板	铝板和铝蜂窝材料
2	隔墙电器柜	隔墙	铝合金型材、铝板和铝蜂窝材料
3		电器柜	铝合金型材、铝板和铝蜂窝材料
4	顶板	中顶板	铝蜂窝材料、铝型材
5	门系统	司机门门板	铝蜂窝材料、铝型材
6		司机隔断门门板	铝蜂窝材料、铝型材
7		客室门门板	铝蜂窝材料、铝型材

（3）空调系统轻量化设计研究

通过对空调机组内部布置和结构的优化，对蒸发腔、冷凝腔和壳体结构进行了优化，实现了空调机组的轻量化。在保证结构安全的前提下，凝汽器室盖采用半封闭式设计。半封闭式设计可以保证良好的散热效果，并且保护冷凝室内的冷凝风机、冷凝器及其内部管路系统。采用半封闭设计后，减少了盖板结构，有利于减轻重量。取消蒸发室检修盖板，在盖板上增加检修操作口。在取消维修盖板的同时，增加了三个快速锁，保证了维修效率。不降低维修性，但机组重量减轻约 15 kg/台。优化壳体侧板结构，在侧板上开孔不加密封，可以提高冷凝器的冷却速度，进一步减轻侧板的重量；保证加强筋的强度前提下开孔，可以使冷凝室底部的水迅速流出，并且也减轻装置的重量。

采用新型铝合金外壳和轻铝合金材料取代传统的不锈钢外壳，箱体重量减轻约 30%。

冷凝器散热片采用铝合金，在对热交换影响不大的情况下，可减轻重量60%。

经过轻量化优化设计，空调机组减重约 50 kg/台，优化后的空调机组效果对比如图 2.25 所示。

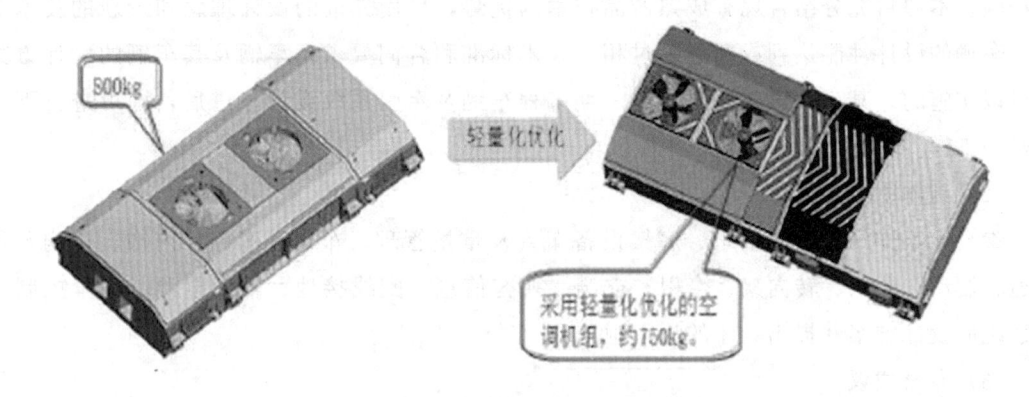

图 2.25 空调机组优化效果对比

（4）牵引辅助系统轻量化设计

考虑到产品的轻量化、模块化设计，牵引辅助系统采用集成式牵引逆变器和综合辅助供电系统，与分散式系统相比具有明显的重量优势。与分散供电相比，使用集中并网供电的项目辅助系统重量减轻约 600kg/列。

2.3.3 车辆优化设计方案管理的结果验证

2.3.3.1 验证车辆优化设计方案管理的可行性和合理性

车辆优化设计方案验证主要通过设计方案专家评审、RAMS 建模分析、首列车试验验证等方式进行，以某市轨道交通 1 号线一期车辆工程为例，首先对车辆设计方案进行综合评价和改进，形式为首列车试制前进行专家评审；其次，提出车辆轻量化问题，制定解决方案，通过建模方案分析计算车辆可靠性，并初步验证优化设计方案管理，通过首列车的型式试验进一步验证了优化设计方案的可行性和合理性。同时，根据生产过程和试验中的设计问题和工艺问题，对设计方案进行了再优化。

2.3.3.1.1 车辆生产前设计方案专家评审

某市轨道交通 1 号线一期工程车辆设计联络工作结束后，组织召开了某市轨道交通 1 号线一期工程车辆及牵引系统设计专家评审会。来自上海、南京、广州、深圳等国内城市轨道交通行业的 5 位专家应邀出席了会议。参会专家认真阅读了有关资料，认真听取了车辆供货商和牵引系统供货商有关设计人员对车辆及其牵引系统设计方案的详细汇报，并与业主、车辆咨询单位和供货商进行了仔细讨论。会议对某市轨道交通 1 号线一期工程车辆设计方案进行了积极评价，并提出了具体的设计方案意见和建议。

(1) 总体评价

本项目车辆设计在现有成熟车型的基础上进行了改进，达到某市轨道交通具体要求和相关标准。因此，参会专家一致认为：现有的成熟车辆和牵引产品有很强的技术基础和使用经验。本项目充分结合现有成熟产品技术的优势，采用先进的设计理念和最新的技术要求，车辆的设计性能达到或部分超过相关技术标准和合同要求，车辆及其车辆的设计方案是可以实施的。某市轨道交通1号线一期工程车辆及牵引系统设计改进后，即可进行下一阶段的工作。

(2) 具体审查意见

参会专家详细讨论了整车、底架设备布置及重量管理、车体、车门、内饰、车钩及贯通道、制动、照明、转向架、牵引、空调、乘客信息、配线接地、辅助电源、列车控制等子系统的设计方案并提出具体的评审意见。

(3) 专家建议

①某市轨道交通应尽快开展某市轨道交通线网车辆标准制定和管理的相关工作，尽量保持所有车辆的一致性，如司机室控制台的布置设备、乘客信息设备配置和车内信息标牌等。

②在车辆生产制造过程中，要加强质量控制，细化技术，加强监督，把优秀设计转化为优质产品，把某市轨道交通一期工程车辆打造成优质工程。

③基于本项目先进的设计理念和优良的技术性能，建议宁波轨道交通集团有限公司与车辆供应商和车辆咨询单位合作，对城市轨道车辆进行深入研究，并积极申报相关科研成果。

设计方案专家评审会对车辆设计方案的积极评价，进一步验证了某市轨道交通1号线一期工程车辆优化设计方案管理的可行性和合理性，根据专家提出的具体评审意见和建议，各方进一步优化设计方案，争取在首列车试生产前使设计方案更加完善合理。

2.3.3.1.2 列车RAMS建模预测分析

在轨道交通行业，RAMS是可靠性、可用性、可维护性和安全性的英文首字母缩写。它是从欧洲引进的标准，包括 EN 50126 等三个欧洲标准。RAMS是从产品的可行性到产品报废的整个周期中实施的手段和方法。为了获得最佳的平均故障间隔时间、平均维修时间和车辆完好率，在设计中应体现维修性和可靠性的设计思想，并进行预测分析。

轨道公交车辆由大量不同的部件组成，其故障情况相对较复杂，有的是由电气故障引起的，有的是由机械疲劳、磨损或腐蚀引起的，其故障概率分布形式也不尽相同。一些部件的失效率服从对数正态分布，而另一些部件服从威布尔分布，这给可靠性分析带来了一些困难。

系统的可靠性尤为重要，特别是城市轨道交通的特点决定了对可靠性的很高要求。要降低小故障发生的概率，尽量避免大故障的发生。如果在运营期间发生重大故障，将对本公司的服务质量产生致命影响。

可靠性工程是对产品（零件、部件、元件、设备或系统）的失效及其发生概率进行统计和分析，开展可靠性设计、可靠性预测、可靠性试验、可靠性评估、可靠性检验、可靠性控制、可靠性维护和失效分析的一门包含了许多工程技术的边缘性工程学科。可靠性是指合同双方按照约定的标准进行设计和制造，以保证产品的高可靠性。在实施过程中，包括零部件和系统可靠性数据的收集与分析、可靠性设计、可靠性预测、可靠性试验、可靠性管理、可靠性控制与可靠性评估。

（1）可靠性计算

1）平均无故障里程 MDBF 的计算

MDBF 采用在列车运行时间内总公里数与发生的故障总数之比；

$MDBF = D/r$

其中：D——列车在 T 时间内运行总公里数（km）；

r ——列车在 T 时间内发生故障的总次数。

2）平均无故障时间 MTBF 的计算

$MTBF = T_i/N_i$

其中 T_i——列车运行的时间总和；

N_i——列车上发生的列车故障总数。

（2）可靠性建模和预计方法

①分析假设

列车运行的平均速度：$\geqslant 34$ km/h

列车每天运行时间：18 h

每列车每年运行天数：345 天

②分析方法

采用可靠性框图法进行可靠性建模和分析，并使用相关软件进行计算。预测方法采用相似产品法，即将新设计的产品与已知可靠性的同类产品进行比较，以估计新产品可能的可靠性水平，或以同类产品相对复杂度的函数来估计新产品设计的可靠性。

③数据获取

车辆所安装部件的 MTBF 数据获取方式：对相似产品的运行和故障数据进行可靠性评估；获取供应商提供的可靠性数据。

④可靠性建模的假设

可靠性框图模型基于以下假设：产品及单元只具有正常和故障两种状态；产品所包含的各单元的故障是独立的；系统所有的输入都在规定极限之内，即不考虑输入错误或未纳入模型中的其它外因的影响。

本次建立的可靠性模型只考虑了某市 1 号线一期项目工程车辆运行过程中晚点超过 5

分钟、未能出库、退出服务和救援的故障。

某市轨道交通1号线一期工程整车可靠性框图模型如图2.26所示：

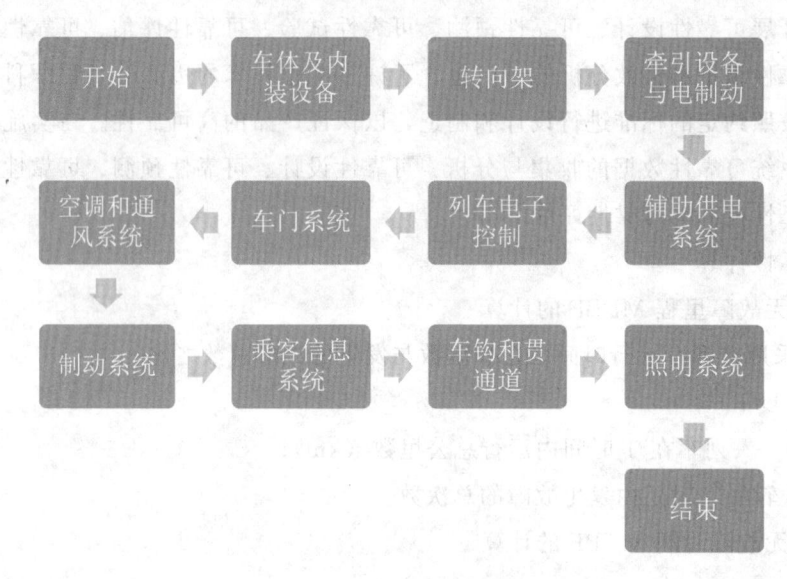

图2.26 整车可靠性框图模型

上图中的各个单元的救援可靠性、清客可靠性和延误可靠性预计分别如下表2.5、表2.6和表2.7：

表2.5 救援可靠性预计数据

单元名称	单个零件故障率	列车零件数量	系统故障率	MTBF（小时）	折合无救援年数
车体及内装设备	1.34E−07	6	8.04E−07	1243781	200.2868107
转向架	8.06E−07	12	9.67E−06	103391	16.649115176
牵引设备与电制动	1.54E−06	1	1.54E−06	651042	104.8376275
辅助供电系统	4.00E−09	1	4.00E−09	250000000	400257.64895
列车电子控制	7.09E−07	1	7.09E−07	1410437	227.1235484
车门系统	1.06E−07	48	5.09E−06	196541	31.64909509
空调和通风系统	1.99E−07	12	2.39E−06	418760	67.43324783
制动系统	1.01E−05	1	1.01E−05	90010	15.94362335
乘客信息系统	3.87E−06	1	3.87E−06	258398	41.60997308
车钩和贯通道	3.52E−06	1	3.52E−06	284091	45.74732836
照明系统	1.16E−05	1	1.16E−05	86059	13.85805472
整车可靠性预计	3.96E−05	1	4.93E−05	20279	4.064251208

表 2.6　清客可靠性预计数据

单元名称	单个零件故障率	列车零件数量	系统故障率	MTBF（小时）	折合无救援年数
车体及内装设备	1.44E−07	6	8.64E−07	1157407	186.3780044
转向架	1.01E−06	12	1.21E−05	82508	13.28635279
牵引设备与电制动	2.97E−05	1	2.97E−05	33656	5.419715799
辅助供电系统	2.35E−06	1	2.35E−06	425713	68.55282921
列车电子控制	2.16E−05	1	2.16E−05	46296	7.455120177
车门系统	7.89E−07	48	3.79E−05	26405	4.251969682
空调和通风系统	2.68E−06	12	3.22E−05	31095	5.007170268
制动系统	1.89E−05	1	1.89E−05	53050	8.542737178
乘客信息系统	1.11E−05	1	1.11E−05	990334	14.44657595
车钩和贯通道	5.56E−06	1	5.56E−06	179856	28.96233738
照明系统	1.86E−05	1	1.86E−05	53763	8.657558915
整车可靠性预计		1	1.91E−04	5242	0.844166116

表 2.7　延误可靠性预计数据

单元名称	单个零件故障率	列车零件数量	系统故障率	MDBF（公里）	MTBF（小时）
车体及内装设备	1.77E−07	6	1.06E−06	32015066	941620
转向架	3.99E−06	12	4.79E−06	7101086	208855
牵引设备与电制动	3.02E−05	1	3.02E−05	1125828	33113
辅助供电系统	1.77E−06	1	1.77E−05	1920904	56497
列车电子控制	8.70E−05	1	8.70E−05	390805	11494
车门系统	1.55E−07	48	7.44E−05	456989	13441
空调和通风系统	5.86E−06	12	7.03E−05	483504	14221
制动系统	1.59E−05	1	1.59E−05	2138365	62893
乘客信息系统	1.19E−05	1	1.19E−05	2857143	84034
车钩和贯通道	5.59E−06	1	5.59E−06	6082290	178891
照明系统	1.86E−05	1	1.86E−05	1827957	53763
整车可靠性预计	2.99E−04	1	3.37E−04	100753	2963

通过建模和分析,将某市轨道交通 1 号线一期工程车辆救援可靠性、清客可靠性和延迟可靠性指标划分为 20279 小时、5242 小时和 100753 公里。与国内其他城市相比,某市轨道交通 1 号线一期工程车辆可靠性较高,初步验证了车辆优化设计方案管理的合理性。

2.3.3.1.3 首列车试验验证

某市轨道交通 1 号线一期工程首列车试生产完成后,车辆和牵引供货商根据合同规定和试验标准对首列车进行了一系列试验,并对列车的各项性能指标进行了测试。根据试验分类,车辆试验主要分为型式试验、例行试验和研究性试验。试验项目包括车辆部件试验、列车静态试验和列车线路运行试验。

车辆部件试验项目主要指首列车试验前进行的相关试验,并提供不限于以下部件的型式试验报告,以证明其满足相应标准的要求。

表 2.8 车辆部件实验项目

序号	部件名称	型式试验	例行试验	研究性试验
1	车体	√	√	
2	贯通道	√	√	
3	客室侧门和司机室门	√	√	
4	车钩及缓冲装置	√	√	
5	转向架		√	
6	空气制动装置	√	√	
7	牵引电动机	√	√	
8	齿轮传动装置		√	
9	牵引逆变器	√	√	
10	受电弓	√	√	
11	辅助逆变器	√	√	
12	空调系统	√	√	
13	蓄电池组	√	√	
14	车载通信和乘客信息系统	√	√	
15	列车控制诊断系统各部件	√	√	
16	司机控制器	√	√	
17	制动电阻		√	

列车静置试验主要是指首列样车在静止状态下进行的相关试验，具体试验项点如下表：

表 2.9 列车静置试验项目

序号	名称	型式试验	例行试验	研究性试验
1	静止机械试验（包括限界检查）	√	√	
2	称重试验	√	√	
3	客室车门试验	√	√	
4	耐压试验	√	√	
5	辅助供电系统试验	√	√	
6	主电路电气设备操作试验	√	√	
7	噪声测量	√		
8	接地和回流电路接线检查		√	
9	压缩空气设备密封性和运转试验	√	√	
10	空气制动系统检查	√	√	
11	车底设备通风冷却系统检查	√	√	
12	工作条件和舒适度检查	√	√	
13	空调系统试验	√		
14	车辆采暖试验	√		
15	车体和外部设备箱体水密性试验		√	
16	安全措施和安全设备检查		√	
17	冲击电压试验	√		

列车线路试验主要是指首列车在车辆制造厂动调线或业主现场线路进行的相关试验。具体试验项点如下表：

表 2.10 列车线路试验项目

序号	名称	型号试验	例行试验	研究性试验
1	运行安全和运行平稳性试验	√		
2	曲线和坡道变化线路运行试验	√		
3	牵引能力和电制动能力试验	√	√	
4	制动系统线路运行试验	√	√	
5	受电弓试验	√	√	
6	干扰试验	√		
7	供电中断试验	√		

续表

序号	名称	型号试验	例行试验	研究性试验
8	内部过电压试验	√		
9	短路试验			
10	保护装置动作正确性试验	√		
11	运行阻力试验			
12	能耗试验			
13	典型运行图检查			
14	车载通信和乘客信息系统综合试验	√	√	
15	照明试验	√		
16	屏蔽门综合试验	√		
17	故障诊断系统试验	√	√	
18	ATC系统的综合型式试验	√	√	
19	无线通信系统的综合型式试验	√	√	

首列车试验报告表明，车辆各项性能参数均满足合同要求，进一步验证了某市轨道交通1号线一期车辆优化设计方案管理的合理性和可行性，为后续列车批量生产打下了坚实的基础。

2.3.3.2 车辆优化设计方案的验证结果

2.3.3.2.1 车辆优化设计接口验证结果

本项目的创新点之一是开发一套适合轨道车辆设计的三维并行设计方法，这是国内轨道交通制造企业首次采用全三维测绘。在这种设计模式下，各专业采用相同的三维软件，同时在同一环境下进行设计，大大提高了工作效率。车辆设计中的管路、电缆等系统的设计，借助三维软件，可以根据车辆的实际情况，优化路径，缩短管路和电缆的长度。这种设计方法对轻量化设计具有重要意义。借助三维设计软件，可以在狭小的空间内完成多学科的设计，并在设计阶段很好地验证各系统之间的直接接口关系。首列车后期试制和批量生产过程中不存在因设计图纸引起的干扰事件。

2.3.3.2.2 车辆轻量化设计验证结果

（1）整车称重结果

轻量化设计的车辆具有良好的工作条件和舒适性。通过科学的轻量化设计管理方法和各专业采取的轻量化措施，使车辆重量的设计值显著提高了。

在针对本项目，研究并改进了一套轨道车辆轻量化设计的重量控制方法，用于设计和控制车辆重量。借助计算机技术使用软件，对数据进行统计分析，探讨了基于Lab VIEW

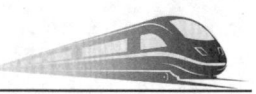

的地铁车辆重量及重心调整计算的优化方法。经后期试验验证，该方法是合理可行的。

车辆称重弹簧调整试验技术不仅是对车辆重量计算控制结果的验证和校核，也是车辆重量分布和车辆地板高度的控制，是车辆生产中的重要环节。通过这项技术，车辆在称重调簧试验时只需停在称重轨道上。通过先进的测试方法，由计算机自动测量每个车轮的载荷，并记录在称重系统中。

图 2.27　整车称重调簧试验技术

根据称重报告数据显示，某市 1 号线轻量化设计车辆重量如下：

Tc 车重	MP 车重	M 车重	列车重
30729kg	33151kg	32520kg	192800kg

某市 1 号线一期轻量化技术车辆，车辆重量和列车重量满足合同要求，轮重、轴重和车辆重心分布符合合同和 EN 61133 的标准。

TC 车辆重量为 30.729 t，小于合同要求的 31 t；MP 车重量为 33.415 t，小于合同要求的 34.8 t；m 车重量为 32.520 t，小于合同要求的 34.8 t；空车重量为 193.324 t，小于合同要求的 201.2 t；某市一号线轻量化设计车辆重量相对合同减少 7.876 t，约为 3.91%，比原先的设计方案减少约 4.7 t。

通过轻量化设计和制造过程控制，主要子系统能有效减轻零部件的重量。

(1) 车体

通过对车体结构的优化设计，对车体外形结构和车体结构进行了优化，并采用了摩擦搅拌焊工艺。与原方案相比，列车重量约为 1.8 t。

(2) 内饰材料

采用轻量化材料，优化了内部结构的集成度，优化了座椅结构，减少了立柱和扶手的接缝，列车的重量比原方案减轻了大约 1.6 t。

(3) 空调

空调机组通过优化机组箱结构、优化机组布局、选择轻量化的子部件来减轻机组的重量；通过优化风道布局和结构，减少冗余结构，采用轻型风管材料，最终空调系统单列重量较原方案减少约 0.6 t。

（4）布线及管道系统

通过优化布线和管道布线，改进管道和电缆结构部件的设计，优化布线方式，提高线槽集成度，优化管路设备，最终配线系统重量可降低约 0.8 t/列，管路及制动设备可减轻 0.12 t/列。

（5）牵引辅助系统

辅助系统采用独立的高集成度辅逆系统，将多个模块集成到同一个机箱中，有效减少了设备箱数，减轻系统重量。采用新型高频斩波技术，使辅助逆变器的功率模块比传统模块轻。牵引系统通过提高设备集成度，优化设备结构，减小设备尺寸，采用强迫风冷系统，并选择具有轻量化的驱动和传动部件，实现系统轻量化。牵引辅助系统通过轻量化设计，重量减轻约 0.7 t/列。

根据称重报告数据显示，其减重数据可计算出，采用轻量化技术后每列车每年节省牵引耗：8000 kWh×7.876＝63008 kWh，30 年合计节省牵引能耗 1890240 kWh；每列车每年降低 CO_2 排放：6.2 t×7.876＝48.8312 t，30 年合计减少 CO_2 排放 1464.94 t。

通过轻量化设计，B 型车的整车重量得到了明显提高。图 2.11 所示广州 3 号线增购车辆、广州 3 号线（国产化）车辆、昆明 1 号线工程车辆为轻量化设计前的车辆平台，而某市 1 号线一期及以后的车辆均为经过轻量化设计后的车辆，与图中数据相比，轻量化后平台车辆重量明显减轻广州 3 号线增购车辆、广州 3 号线增购（国产化）车辆、昆明 1 号线（首期）车辆分别对应了，进口车辆、过程系统车辆、第三轨系统车辆。这些车辆的综合重量反映了当时车辆的平均水平。根据表 2.11 中的数据，与这些车辆的平均重量相比，某市 1 号线一期车辆的重量减少了 7.6%，达到了轻型车辆设计的目标。

表 2.11 轻量化平台车辆与国内 B 型车重量对比

项目	TC 车重/kg	MP 车重/kg	M 车重/kg	列车重/kg
广州 3 号线增购	36220	33515	35779	211028
广州 3 号线增购（国产化）	34952.5	34107.8	35453	209026.6
昆明 1 号线（首期）	32837	35018	34989	205688
宁波 1 号线一期	30862.8	32820	32685.4	192736.4
武汉 2 号线	31149	32835	32829	193626
武汉 4 号线	31149	32835	32829	193626
郑州 1 号线	31207.5	32726.5	32162.5	192193
宁波 2 号线一期	30459.3	33238.8	32981.5	193359.2

第 3 章　轨道车辆生产存货成本管理

3.1　轨道车辆生产成本控制的理论分析

3.1.1　机车制造企业存货成本控制的"老三论"分析

老三论包括控制论、信息论与系统论。产生于二十世纪四十年代，发展迅速。虽然离它的创立仅仅只有半个多世纪，是系统科学领域中的元老，合称"老三论"。我们取这三种理论的英文名字的第一个字母，称之为 SCI 论。"老三论"是机车制造企业成本控制系统设计与分析的理论基础。

3.1.1.1　机车制造企业存货成本控制的控制论分析

"管理的关键在于控制"，控制论是于 20 世纪 40 年代末发展起来的一门新兴学科，运用新的研究方法、新的观察视角和新的概念体系来分析研究对象。与专门的学科不同，控制论是属于跨学科的、边缘性的和普遍化的科学。在控制论中，"控制"的定义如下：为了"改善"某个或某些受控对象的功能或发展，有必要获取信息，使用信息。根据这种信息选出的、于该对象上的作用，被称为控制。因此，控制的基础是信息，所有数据的传递都是为了控制，任何控制都依赖于信息反馈。信息反馈是控制论的一个极其重要的概念，简单来说，信息反馈就是指由控制系统把信息输送出去，又把信息作用的结果传送回来，并对信息的再输出产生影响，达到制约的效果，以达到预期的目标。控制不仅仅是管理的重要功能，而且管理成败的关键在于有效控制的实施。控制论的理论、观点，可以作为科学方法来研究不同的学科，把它们看作一个控制系统，分析它的信息流程、反馈机制和控制原理。控制论的方法、概念和原理，在实际中应该得到了广泛的应用。

如果把注意力集中在机车制造企业的库存成本控制问题上，就可以运用控制论的基本思想，找到一条使系统有序、合理的途径。这个方法叫做库存控制方法。根据控制论的观点，一是所有组织和活动都需要被控制，贯穿于企业的整个生产经营过程中；二是控制工作的重要性还体现在四大管理职能中的地位。在计划、组织、激励和管理中的功能与它们之间的相互作用的控制联系密切。从控制论的角度看，治理、财务控制和信息传播是控制的三个不可分割的方面，机车制造企业对仓储成本的控制应该是三者的完美结合，我们应该以此基本理论为基础来考察机车制造企业的库存成本控制。

3.1.1.2　机车制造企业存货成本控制的信息论分析

信息论是利用数理统计方法对信息进行转换、计量和传递的科学，主要目的是研究通信控制系统中信息传输的一般方法和基本理论，以期解决信息的存储、限制、测量、转换和传输等问题。信息论是由美国贝尔实验室数学家申农教授开创的，申农教授分别于1948和1949年发表了《通讯中数学理论》和《噪声中的通讯》两篇论文，标志着信息论的产生。在这两篇论文中，申农详细论述了有关信息度量、信息编码、传输及译码问题。本文的中心思想是，信息的价值在于消除客观世界中的不确定性，以便稳定下来。为了记录受控人的不同行为，需要受控人提供不同的行为信息，对受控人的控制非常重要。由于受多方面干扰，想要准确的获取信息非常困难，能否实施科学控制的关键在于能否获取真实的信息。在认识客观世界的难度上，贝塔朗菲有精辟论述："它们不是知觉的对象和直接观察的对象，而是概念结构。甚至日常生活中的对象也是如此，他们绝不是简单的'给出'感觉材料或单纯的知觉真实的对象和由观察与概念的结构体系所给出的系统之间的区别不能用常识来描绘。"因而，很难获取客观事物的运行状态的信息，在许多因素的影响下，事情将会变得非常复杂。

信息论的原理对库存成本管理具有重要意义。在企业经营的过程中，需要对存货成本控制有深入的了解，通常情况下这非常困难，因为一个公司的存货状况不是一成不变的，而是不断变化的，另外，静止条件下的环境行为可能非常复杂。因此必须了解认识到信息的重要性以及信息流在企业生产经营中的作用。建立科学的股票管理制度，合理优化和配置公司的各种资源，在市场竞争中处于优势地位。

信息论中信息传输的技术问题对于机车制造企业的存货管理业很有启发。近来，随着网络技术的发展，极大地改进了信息在纵向产业链和企业之间的传输效率，有几家公司利用信息技术的最新发展，在库存中有效地检查了自己的资源配置效率。利用信息技术来达到存货最佳控制的公司是美国计算机公司——DELL公司。该公司利用自己的网站，将不同原材料的需求计划发送给所有供应商，利用信息技术按订单生产，公司总部利用信息技术，使其在全球每两小时调整一次生产计划，以适应世界资源的合理利用。在这种库存控制方式下，一个公司的库存只能满足顾客三到四天的需求，这就大大减少了对稀缺资源的使用，提高了企业对资源的利用效率。可供机车制造企业参考。

3.1.1.3　机车制造企业存货成本控制的系统论分析

系统论是研究系统的一般模式，规律和结构的一门学科，它研究各种系统所拥有的共同特征，用数学方法定量地描述它们的功能，寻求并确立适用于一切系统的原则、原理和数学模型,是具有数学和逻辑性质的一门学科。系统思想由来已久,作为一门科学的系统论,目前人们认为是美籍奥地利人、理论生物学家 L. V. 贝塔朗菲创立的。他在1932年发表"抗体系统论",提出了系统论的思想。在1937年提出了一般系统论原理,奠定了这门科学的理论基础。但是他的论文《关于一般系统论》,到1945年才公开发表,他的理论到1948年在美国再次讲授"一般系统论"时,才得到学术界的重视。在1968年贝塔朗菲发表的专著:《一般系统理论基础、发展和应用》中确立地位,该书被公认为是这门学科的代表作。系统论认为,动态平衡性、整体性、关联性、等级结构性、时序性等是所有系统的共同的基本特征。这不仅仅是制度的基本思想观点,也是制度的基本原则,系统论是反映客观规律的科学理论,具有科学方法论的含义,是科学方法论的重要内容,这正是系统论这门科学的特点。系统论的基本思想方法,就是把被调查的对象看作一个系统,分析系统的结构和功能,考虑系统、要素、环境三者之间变化的关系和规律,并加以优化,世界上任何事物都可以看成是一个系统,这个系统是普遍存在的。系统论的任务不仅在于了解系统的特性和规律,而且要利用这些特点和规律去管理、控制、创造或改造这一系统,使其生存和发展符合人的目的。换言之,研究系统的目的在于调整系统结构,协调各要素之间的关系,实现系统达到优化的目标。

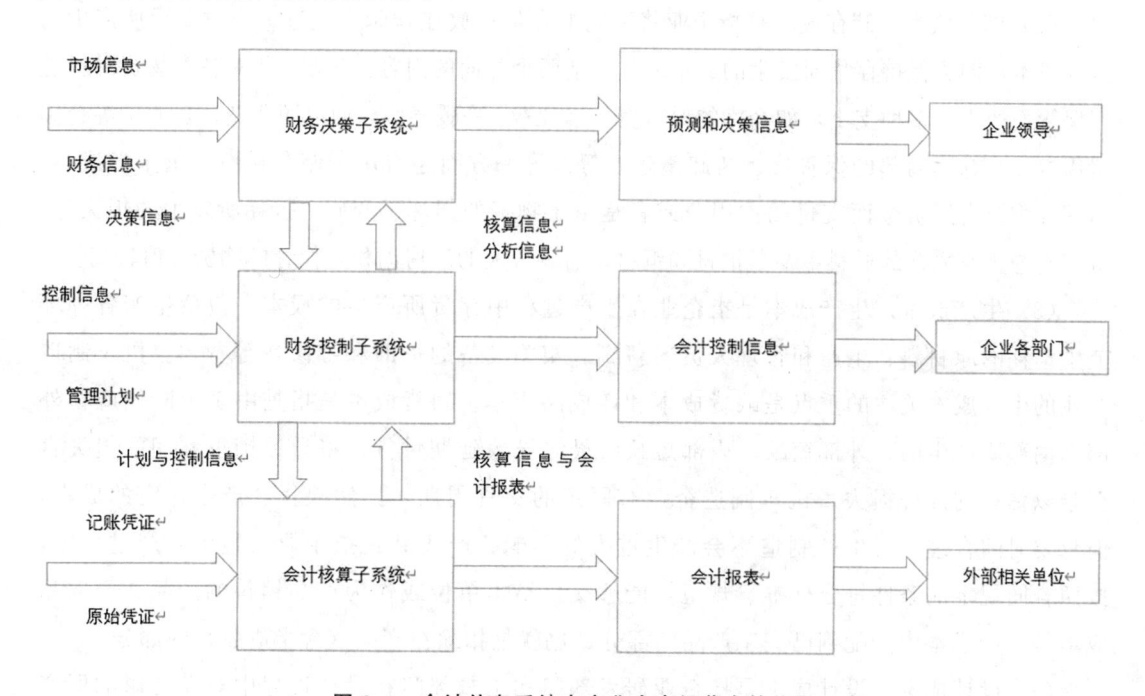

图 3.1 会计信息系统在企业生产经营中的作用

根据系统论的观点,在整个存货成本管理过程中,汽车制造企业要不断协调好各要素之间的关系,才能达到库存总成本的最小化。一是要重视会计信息的作用。财务决策系统要负责企业的管理,财务控制系统要负责企业的各个部门,会计核算系统要对外部相关单

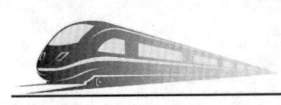

位负责。二是企业要有严格的生产计划,把生产过程紧密联系起来,使材料得到合理利用,降低存货的成本。三是要求各单位、各部门认真配合,认真的沟通,实现部门联动,共同地控制仓储成本。

3.1.2 机车制造企业的存货成本控制目标

3.1.2.1 机车制造企业存货成本的构成

鉴于国家和机车行业的具体特点,对于存货的构成也有所不同,本文中的存货是公司全部生产的储存成本,主要分为以下五个部分。

(1) 采购成本。采购成本主要包括购买价款、运输费、保险费、装卸费、相关税费,其他可归属于存货采购成本的费用。除购买价款外,运输费、装卸费、保险费、相关税费等可以总称为进货费用。购买价款是指存货本身的价值,等于采购数量与采购商品单价的乘积,在一定时期,进货总量一定的前提下,无论企业多久进行一次采购,存货的进价通常保持相对稳定(前提是物价不变且无采购数量折扣)。由于机车制造企业在采购前就签署了合同,合同的签订对采购成本有很大影响。

(2) 储存成本。储存成本是指企业将采购的存货存放在仓库中经过一段时期后所产生的全部成本,即为保持存货而发生的成本。其包括两个方面的内容:一方面是对各类物资材料进行保管而产生的多种支出,如仓库的保险费、修理费、冷暖气费、通风照明费、折旧费等仓储费用,以及仓库内部的保管费、装卸搬运费等。另一方面还有用于储存材料的资金的成本,为储存物资占用资金而支付的占用费或者是由于物资的损坏、变质、折耗所发生的损失等。机车制造企业采购的材料主要是钢材和铜材,需要很大的厂房面积,储存的物资价值较高。

(3) 生产成本。生产成本是指企业在生产过程中存货所产生的成本,包括生产各种环节中消耗的原材料、生产和管理人员的薪酬、相关设备的折旧和维修费等费用。机车制造企业的生产成本关注的重点是缺货成本和产成品成本。缺货成本是指是由于中断供应在外部和内部所产生的。外部短缺、内部短缺将最终导致延期付货,将导致销售利润的损失直至难以估量的商誉损失。机车制造企业有固定的交货周期,虽然缺货会产生一定的成本,但只要时间合理,对生产制造不会产生重大的影响。产成品是指企业在整个生产过程中,按照合同规定的条件符合标准、规范,能够交付给本单位或作为产品销售的产品。产成品成本是生产成本中分配到已完工产品的部分,也就是扣除在产品(含半成品)的部分。

(4) 设计成本。设计成本是指企业研发部门和工艺部门在设计过程中对存货影响所产生的成本。一方面是对于某些客户的设计费用要记入存货成本,另一方面是设计的成功与否关系到公司采购的原材料、半成品能否符合产品质量的要求,企业需要减少因设计失误而产生的退换货费用,降低材料的采购成本。

(5) 销售成本。销售成本是指企业销售环节的成本及售后服务的成本。包括销售人员的薪酬、销售机构的办公费、广告费等。对于机车制造企业而言需要注意以下几点：一是产成品尚未形成销售时所产生的费用，包括储存过程中花费的仓储成本、未形成销售所占用资金成本等，二是售后服务中由于材料的更换所产生的存货成本。

3.1.2.2 机车制造企业存货成本控制的目标

存货是企业最重要的流动资产，在机车制造企业尤为明显。企业必须有足够的存货进行生产经营，如果库存过高会占用资金，使企业付出更大的持有成本，对存货的储存和管理费用也会相应的增加，对企业的盈利能力造成影响。存货成本控制的总目标是平衡存货的收入和成本的利弊，充分发挥存货功能，降低成本、增加收益，实现收益与成本的最佳组合。它可以从四个方面来实现。

一是采购成本控制方面。采购成本控制范围很广，牵涉到的外部因素最多。其目的就是用最少的资金采购到最合理的原材料、外购半成品、低值易耗品等外购物资。二是储存成本控制方面。控制储存成本一方面是要使仓库的效用达到最大，另一方面是要科学的储存物料，使效率达到最大。三是生产成本控制方面。生产成本的控制是要争取在生产过程中，尽可能的降低材料的使用，减少错误的产生。要按照生产计划合理的安排生产，防止出现生产过程中的物料短缺的情况。四是设计成本和销售成本控制方面。要通过设计这个产品的源头来减少产品的存货使用和设计缺陷，对存货成本实行有效的控制需要销售人员、售后服务人员的共同努力。

3.1.3 机车制造企业存货成本控制的基本程序与方法

3.1.3.1 机车制造企业存货成本控制的基本程序

对于机车制造企业而言，存货成本管理的基本程序包括采购、验收、调拨、领用、发出、退料、保管、盘点、处置、生产、设计、销售等关键环节。具体控制点如下表所示。

表 3.1 机车制造企业存货成本管理基本程序表

程序	控制点
采购管理	根据采购的相关制度进行采购。要做到货比三家。实行严格的招投标及评审制度。
验收入库	根据采购的相关制度进行采购。要做到货比三家。实行严格的招投标及评审制度。
调拨管理	返货调拨必须根据企业统一的生产计划的进行。填写相应的调拨单据并予以审核。
领用管理	各单位应有产品材料耗用定额标准，并根据实际生产耗用情况及时对额定标准进行修订力求定额准确、合理。填写相应的领用单据，财务部门月底进行核算。
发出管理	仓储发出要按照企业仓库管理办法进行。并且需要加强门卫管理制度。
退料管理	存货领用单位在使用过程中发现质量或规格不符等问题时，应及时办理退料手续。属外购存货的，采购部门应向供应商提出退货。造成公司损失的，应当向供应商索赔。

续 表

程序	控制点
仓储保管	存货的保管要严格按照仓储管理办法进行，入库管理的存货均应设有实物合账，详细记录每种存货的收、发、存情况，月末汇总得出存货汇总表。
盘点管理	各生产单位和存货保管部门应建立严格规范的定期存货盘点制度。加强存货的实地盘存，保证账实相符，财务部门要负责对账工作。
存货处置	对于盘盈盘亏的存货，要查找原因。分清责任，上报处置。对于废旧存货积压物资，账销案存物资按照企业相关规定处理。
生产管理	生产管理要按照生产计划严格控制材料的使用情况。对于在产品要加大保管力度。
产品设计	设计部门要合理设计产品，符合客户的要求和质量要求减少产品缺陷的产生。
产品销售	销售部门要在充分了解企业生产情况的基础上，结合实际签订销售合同，有效把握时间节点。

3.1.3.2 机车制造企业存货成本控制的基本方法

对于机车制造企业的存货成本控制，应该要根据不同的节点进行控制，具体来说，可以从采购成本控制、储存成本控制，缺货成本控制和产成本控制四个方面来进行。

（1）采购成本控制方法。机车制造企业具有特殊性，一般合同的签订铁道部、地方政府部门都会给出一定的意向。因此，年初时公司要召开一年采购的工作安排部署会，对全年的采购、询价等情况进行交流。对采购成本进行控制需要做到以下几点：一是要在采购时货比三家，在产品质量基本相同的情况下，与尽可能多的供应商进行交流，询问各供应商所能提供的最低价格。在选定供应商后，降价工作并没有终止，还要派相关专业人士进行价格谈判，降低采购成本。二是合理降低相关税费。相关税费包括企业自制、购买或委托加工存货发生的消费税、资源税、进口关税、不能抵扣的增值税进项税额等，其应计入存货采购成本的税费。对于采购产品，应要求供应商开具增值税发票来降低相关的税费，进口关税是在报关时发生的，在通关时要尽可能将进口的产品选择相对低的税率。三是严格控制运输成本。运输费要尽可能由供应商负担，要选择费用相对便宜的运输方式。正常情况下，要尽可能选择铁路运输，铁路运输运费低，运货量大。避免紧急订货而发生空运。其他的费用例如装卸费、保险费等也要与供应商谈价以便尽可能降低费用。四是有效降低其他费用。包括运输过程中发生的各种合理损耗等，如果发生的损耗超过合理范围，要分析产生的原因，与保险公司、货运公司等部分联系，进行索赔。

（2）储存成本控制方法。储存成本的控制主要在机车制造企业的仓储部门，这些部门负责物料的存储、降低储存成本。要对储存成本进行控制，一是要合理的利用储存空间。由于行业的特殊性，企业采购的材料以大宗居多，但也有许多小型的材料，就一定要充分利用库房的空间和层次，尽量用最少的空间存放最多的材料，降低储存成本。二是要注意

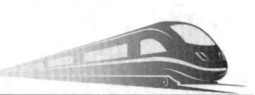

物资的积压损耗。物资的陈旧、老化、变质等问题出现，这些问题会给企业生产带来一定的影响，既占用了空间，又提升了成本。因此，材料的领用一定要与生产计划紧密结合，减少积压物资的出现。三是要做好仓储保管工作。机车制造企业采购的材料往往单价高，金额大，尤其是铜材等金属极易引起犯罪分子的注意，已经出现了多次盗窃事件。因此，做好仓储保管工作也是有效降低企业成本的有效途径之一。

（3）生产成本控制方法。生产成本控制是指在各制造单元生产过程中对存货进行控制，以降低存货成本。机车制造企业是属于朝阳产业，也处在不断的升级换代之中。对于生产成本的控制方法，一是要有明确的生产计划。只有明确的生产计划，才能为及时地了解和掌握材料的耗用，企业各制造部门要严格遵循本单位的生产计划，定时领取材料，使用材料，确保存货的周转率，提升使用效率。二是要坚持定额消耗。定额领料用料是一种规范，一种良好的制度。对于各制造单元，要对每一道生产工序进行仔细的检查，确定材料的消耗数量，使其在生产过程中能够定额消耗，做到以上几点可以降低成本。

（4）设计成本控制方法。设计成本的控制需要技术部门和工艺部门共同努力来实现。一是要从源头上不断提升技术和工艺水平。"科学技术是第一生产力，科技推动人类社会的进步与发展"，只有不断提升产品的技术含量和制造的工艺水平，才能有效减少对材料的损耗，降低企业的成本。二是要了解客户的需要和产品的质量，尽可能的减少设计的缺陷，防止因为设计出现问题导致生产的材料与实际不符，增加损失。

（5）销售成本控制方法。对于销售成本的控制，要以销售和售后部门为主，各部门联动来进行有效的管理。一是销售部门要了解企业生产的相关情况，要完全掌握产品的生产进度和交付进度，根据合同要求交付产品，生产部门要把握调试时间，使之达到可交付状态的时间合乎交付产品的需求。二是售后部门要积极与客户进行沟通，通过沟通才能了解客户在使用过程中的出现的问题。对于售后服务中出现的问题要及时反馈信息，物流部门需要合理的安排，减少损失。

3.2 存货成本管理现状分析

3.2.1 公司概况

3.2.1.1 公司简介

公司是中国电力机车主要研制生产基地、国家城轨车辆国产化定点企业、某省十大标志性企业、株洲市"5115"工程重点企业。公司主要产品为电力机车和城轨车辆，同时正全力拓展城际动车组、海外业务、轨道工程车辆、电气设备、制动系统、中低速磁悬浮等新兴产业。

公司始建于 1936 年，1958 年成功研制出中国第一台干线电力机车，1978 年成为中国首家专业电力机车制造企业，2001 年公司被批准为国家城轨车辆国产化定点企业，2005 年整体改制成为有限责任公司。公司是中国南车（601766）旗下核心企业，注册资本 34.34 亿元，占地面积 2.1 平方公里，员工近 8000 名。新中国成立以来持续盈利，2005 年以来销售收入年均增长 4.6％。2009 年，公司经营规模突破 100 亿，利税 8.5 亿。

电力机车产业。从改革开放到现在，公司不断提升自主创新能力，先后研制快速客运、客货两用、重载货运等各型干线机车共 34 种，并成功研制了拥有自主知识产权的新一代交传电力机车和高速客运动车组，在 2004 年之后，公司率先引进八轴大功率交传电力机车，并在此基础上先后自主研制出"和谐"型 9600 kW 和 7200 kW 两种六轴大功率交传电力机车，使中国电力机车由直流传动进入交流传动，促进了我国电力机车事业的进步。截至目前，公司已累计生产各型电力机车近 5000 台，占有国家铁路电力机车市场的 50％，在我国电力机车行业排名第一，被称为"中国电力机车之都"。

城轨车辆产业。2001 年，公司被批准为国家城轨车辆国产化定点企业。在国家相关的政策支持下，与西门子合作，公司城轨车辆制造平台在较短时间内实现了与国际水平的无缝对接。2004 年首列上海明珠线二期车辆成功下线；2008 年，由公司自主研发制造、批量化生产的国内首列自主产业化高档 A 型地铁车辆——深圳地铁 1 号线（续建）车辆成功下线，标志着公司在城轨车辆产业领域具备了自主投标、自主设计、自主采购、自主制造、自主管控的能力。截至目前，公司在广州、上海、深圳、武汉、某市、郑州等城市 18 个项目得到了共 2400 余辆城轨车辆订单，合同金额累计超过 180 亿元，是中国高端城轨装备领域的杰出代表。

动车组产业。凭借丰富的轨道车辆研制经验、较为成熟的技术研发平台和得天独厚的区域配套优势，从 2000 年开始，公司先后自主研制出 200 km/h 的"蓝箭"、160 km/h 的"中原之星"、270 km/h 的"中华之星"等不同速度等级的动车组，并成功通过多年的商业运营验证，是名副其实的"中国城际动车组领域的先驱"。2010 年 7 月 23 日，公司签订马来西亚 38 列 228 辆城际动车组项目订单，标志着公司第三次创业全面开启。

海外市场开拓。在国内做好的同时，公司对国际市场同样非常的重视，是我国首家电力机车整车出口企业，也是到目前为止唯一一家保有出口业绩的电力机车整车企业。1997 年，该公司开始对伊朗出口电力机车，到目前为止已累计获得伊朗、哈萨克斯坦、乌兹别克斯坦等国电力机车订单 130 余台。2009 年，先后获得新加坡 14 台地铁工程维护车和土耳其伊兹密尔 32 辆轻轨车订单，成为中国首家将整车产品打入发达国家市场和欧洲市场的企业。2010 年，公司在印度和马来西亚出口地铁和动车组，实现该两类产品在国际市场上的突破。截止 2010 年，公司获得的出口订单已经超过了 80 亿人民币，成为国际市场竞争的新典范。

3.2.1.2 公司组织结构情况说明

企业的组织结构有职能平台和制造单元。机车事业部、城轨事业部、转向架事业部、制造服务中心属于制造单元，负责各类产品的生产制造，公司办公室、技术中心、项目管理中心、营销中心、物流中心、财务资产部等属于职能平台。财务资产部是存货资产控制归口职能部门，负责相关制度的制定及存货资产的核算。审计部于职能平台，负责企业的各项经营管理工作。公司存货资产实行集中控制，分级管理。负责对存货资产进行内部审计并提出整改建议。物流中心负责国内物资的采购、储存及相关管理。运营管理部负责制定相关的考核制度并进行实施。项目管理中心负责制定各种产品的生产计划、管理工艺流程。质量安全部负责采购和储备仪器仪表等器材。技术中心负责对产品进行设计和研发。营销中心负责将产品售出，国外物资的采购、仓储及相关管理工作。信息管理部负责全公司 ERP、MRP II 等信息系统的管理。机车事业部、城轨事业部、转向架事业部、制造服务中心等制造单元负责产品的生产，材料物资的使用。

3.2.2 公司主要特点及对存货成本控制的影响

3.2.2.1 公司的主要特点

近年来，公司受铁路基础建设大环境的影响，发展迅速。自 2008 年全球金融危机以来，国家投资 2 万亿元于铁路事业，由于人口越来越多和经济的不断发展全国各大主要城市相继的修建地铁和轻轨，给机车制造企业的发展带来了前所未有的机遇。公司作为典型的机车制造企业，在项目生产方式，产品的时间与空间上与其他行业、其他企业都有着一定的区别，有着自己的特点。主要包括如下几个方面。

(1) 从生产项目上看，产品的种类多，销售单价高。公司主要生产电力机车、城轨车辆、动车组等产品，产品的单价较高，数量较多，合同总金额较大。在电力机车领域，公司作为全球最大的电力机车生产企业，累计获得了我国电力机车市场 50% 以上的市场份额，2010 年当年的市场份额超过 40%，产品种类繁多，包括各种直流传动电力机车和最新款的各类"和谐号"交流传动电力机车。城轨车辆自 2001 年起步以来作为国家定点的城轨车辆生产企业，能够生产各种类型的车辆，在上海、广州、深圳、武汉、长沙等多个城市获得订单，在 2010 年市场份额超过了 35%。

(2) 从生产时间上看，企业主要是订单式生产，生产周期较长。作为机车制造企业，主要的生产方式是订单式生产，而且生产的周期比一般的制造业长。在电力机车方面，主要的采购对象是铁道部，其次是包括神华集团等国有大型企业，每台产品从项目研发到生产制造，一般在 18 个月至 24 个月完成交付，总合同的执行时间基本上都超过 3 年。在城轨车辆方面，主要的采购对象为各地具有城市轨道交通（如地铁、轻轨）建造资质的政府部门，其合同的签订一般根据不同的线路长短、客流大小进行不同规模、不同车型大小的采购，每台产品从项目研发到生产制造，首台车交付时间一般在 14 个月至 24 个月，总合同的执行时间一般超过 3 年。

（3）从生产空间上看，采购仓储部门统一，有物流中心和营销中心，但各制造单元相对独立。根据公司的流程制度，由物流中心和营销中心负责企业的国内外采购和原料的存储，实际上制造单元却相对独立。公司的电力机车主要由机车事业部负责生产，分为车体、涂装、总成、调试四个车间，城轨车辆主要由城轨事业部负责生产，也分为车体、涂装、总成、调试四个车间，转向架事业部负责车辆的核心转向架的制造，而制造服务中心则负责车体的备料等一些其他工作，每个制造单元都有相应的部门来负责财务的核算和物资的流转。

3.2.2.2 公司的特点对存货成本控制的影响

根据机车制造企业的行业特点和公司的上述特点，在存货成本控制上，必然会有着一定的影响，主要包括如下几个方面。

（1）存货总量增长迅速，存货成本控制由粗放转向集约。自 2006 年以来，公司受市场大环境的影响，得到了飞速的发展，存货的数量也逐步提升。具体情况如下表所示。

表 3.2　近五年来销售收入与存货增长表

	2006 年	2007 年	2008 年	2009 年	2010 年
销售收入	22.54	36.97	39.11	101.83	143.61
存货数量	3.94	4.75	12.91	25.63	29.92

由上表可以看出，公司的销售收入由 2006 年的 22.54 亿元增长到 2010 年的 143.61 亿元，主要原因是自 2005 年以来，公司在电力机车和城轨车辆两大主业上订单持续增长，自 2008 年以来，每年签订的合同金额都达到了 100 亿元以上。在上表中，2008 年至 2009 年，公司销售收入增长异常迅速，2008 年销售收入仅为 39.11 亿元，2009 年销售收入过百亿达到了 101.83 亿元。主要原因是 2008 年，公司在未获得铁道部采购合同的情况下，制造了 40 台 HXD1 型八轴大功率 9600kw 交流传动电力机车，但并没有进行销售，因此出现了存货，价值高达 13 亿元，2009 年经多方努力得以销售，形成了 2009 年的销售收入。此外，2007 年，企业在城轨市场的竞争处于劣势，所以没有得到各地铁制造城市的订单，因此在 2008 年城轨车辆没有形成较大的销售，在 2008 年公司夺得了全国市场超过 30% 的市场份额，2009 年开始交付，所以形成了较大规模的销售收入。

由于销售收入和存货的不断增长，对于存货成本控制的难度也不断加大。原先企业的粗放式管理模式已经不适应存货快速增长的需要，因此存货管理模式需要转变，需要更加注重管理的细节，更加注重信息管理在存货成本管理中所发挥的重要作用。

（2）存货的类型多，收发频繁，对于内部控制的要求较高。由于公司生产的主要产品为电力机车和城轨车辆，这两种产品相对而言技术含量高、工序复杂，需要的外购原材料、半成品及自制材料也较多，每台电力机车包含1万1千多个零部件，同时企业生产的项目较多，签订合同的金额较大，所以存货的种类较多，金额较大。据统计，2010年，公司电力机车产品的外购材料供应商为835家，城轨车辆产品的外购材料供应商为621家。

众多的供应商为企业的生产经营提供了各类原材料及半成品，导致存货的类型异常繁多。由于生产工序的复杂性和对于生产工艺的高要求，各种材料收发非常频繁，公司物流中心、营销中心和各制造部门还专门组织运输队伍负责企业材料在各个部门，各个车间之间进行运输。这些情况都对企业内部控制的规范性提出了更高的要求。公司属于机车制造企业，存货成本控制的程序多且复杂，如果没有良好的内部控制制度和监督体系，必然会对存货成本产生巨大的影响。

（3）原材料采购价格变化大。由于公司是先签订合同，再进行生产，原材料的采购只能根据签订的合同进行。由于受时间的限制，采购的各类材料价格差异受市场变化的影响较大。例如近年来由于钢材、铜等重金属价格的上涨对于企业利润带来了较大影响。

（4）存货分布广泛，部门协调重要性凸显。由于公司各产品的总成分布于各制造单元，因此存货的分布也较为广泛，共有9个部门。

表 3.3　2020 年存货部门分布表

类别	部门	12月31日原值
原材料（外购原材料）	合计	715.265.182.11
	物流中心	666.101.789.25
	营销中心	36.572.603.28
	制造服务中心	688.466.33
	机车事业部	618.203.08
	技术中心	32.507.59
	转向架事业部	3.7744.337.17
	城轨事业部	1.937.175.41
原材料（外购半成品）	合计	108.145.137.23
	物流中心	100.684.359.54
	营销中心	6.723.865.12
	制服务中心	621.50
	机车事业部	380.795.53
	转向架事业部	351.177.02
	城轨事业部	4.218.52
原材料（燃料）	合计	276.001.44
	物流中心	26.501.44
	转向架事业部	7.500.00

续　表

类别	部门	12月31日原值
周转材料（包装物，低值易耗品等。）	合计	2.811.127.85
	物流中心	1.856.190.40
	项目管理中心	42.012.68
	质量安全部	72.136.80
	转向架事业部	238.923.40
	城轨事业部	598.462.17
	制造服务中心	3.402.40
	物流中心	396.864.707.54
	物流中心	7.167.030.06
	物流中心	2041.618.05
库存商品发出商品委托加工物资自制半成品	合计	1.816.752.710.75
	城轨事业部	424.914.708.59
	制造服务中心	189.289.999.88
	机车事业部	702.867.012.33
	转向架事业部	499.680.989.95

由上表可以看出，原材料方面，物流中心采购占主导地位。对于原材料中的外购原材料、外购半成品、燃料等子项目，通过上表都可以看出，物流中心和营销中心占对外采购的主导。共计占到了全部原材料采购的98.38%，符合公司采购管理制度的相关规定。在自制半成品及在产品方面，各制造单元占主导地位。对于自制半成品及在产品，只要由各制造单元进行生产和保管。其中机车事业部作为生产电力机车的主要部门，也是公司各项业务的核心，所占比重较大。

如此多的部门来进行材料存储的管理，对于进度的掌控、生产计划的有效实施等要求非常高。因此，部门能否积极配合、相互交流沟通、共享存货资源就显得尤为重要。

（5）信息化系统的管理尤为重要。在信息管理上，随着企业发展越来越快，如何利用信息系统手段来加强存货成本控制的重要性越来越显现。良好的信息系统不仅能快速反映出存货的基本情况，提高领料、退料、盘点等各方面的效率，而且能减少手工作业产生的失误，实现存货成本的准确性，尤其是对于公司这种快速发展的企业，存货多、收发频繁，能有利于企业更好的掌控存货成本，更为重要的是，也形成了一种信息共享的机制。

3.2.3　公司存货成本控制现状

公司历来非常注重成本控制，开展过"目标成本管理"、"全面学邯钢"、"全员降成本"等多项活动，面对企业的快速发展，公司高层管理者更是认识到，如果能有效控制企业成本,那么企业就可以在市场上不断提升竞争力,企业的经济效益就会获得提高。对于存货成本控制方面,公司建立了良好的制度,采购、储存、生产等各个环节都有严格的制度,采取了多种方式实施内部控制,取得了良好的效果,有效地挖掘了企业的利润。

3.2.3.1 财务核算现状

公司财务资产部是存货核算的归属职能部门,对于存货相关信息可以从财务报表上进行详细的了解,最能够掌握企业存货的第一手资料,方便进行分析处理,提出建设性的意见和建议。当前,公司编制了相关的存货预算,但明晰程度较低。由于材料众多,公司采用计划成本法进行核算。2010年,公司存货共计 2,992,309,935.07元,具体的存货情况如下表所示。从存货报表可以看出三个方面的结论。

一是公司存货状况基本情况良好。当前企业的存货基本面较好,2010年企业的销售收入为143.61亿元,存货约为29.92亿元,存货占销售收入的比重为20.83%。存货占总资产的比重为25.55%,占流动资产的比重为32.8%。由此可以看出,在整个公司的运转过程中,存货的基本情况较好,也较好的实现了存货成本控制。

二是从原值来看,原材料在研品所占比例大。2010年末企业存货的原值为30.55亿元,其中原材料为8.24亿元,占存货总数的26.96%,自制半成品及在产品为18.17亿元,占存货总数的59.46%,两项合计占到了存货总数的86.42%。可以看出,公司正在执行尚未交付业主,实现销售收入的项目较多,因此自制半成品及在产品较多。对于存货各类别项的本年增加额和本年减少额,可以看出都基本持平,说明公司的存货采购及使用保持了一个较好的平衡状态。

三是从存货跌价准备的计提来看,在研品所占比例居多。对于存货跌价准备而言,2010年公司共需计提存货跌价准备6301万元,占存货原值数约为2%,相对而言控制在一个较为合理的水平。对于原材料、自制半成品及在产品,三年及以上的存货所占的比例较大。对于自制半成品的跌价为4859万元,占到了总数的77%,值得在下一年度关注。

3.2.3.2 信息系统现状

公司的信息系统建立由来已久。自1999年开始推行ERP系统,首先在财务系统推广,然后在物流系统推广,经过5年的时间,实现了财务物流一体化,便开始在全公司推广ERP系统。2005年,又先后以城轨事业部、机车事业部等制造单元为试点,推广MRP II系统。至今为止,已经形成了较为全面的管理和控制系统。自企业开始实行信息管理以来,有效地提升了财务人员、物流人员、生产一线员工的工作效率,减少了工作事务,对于存货的管理更加规范,财务的核算更加准确,有效地降低了企业的存货成本。尤其是生产管理中推行了MRPII后,财务、物流、生产三方面的有机结合,取得了明显成效。但是,由于信息系统的更新换代较慢,有些问题也逐渐凸现出来。

3.2.3.3 内部控制现状

存货的内部控制由公司财务资产部进行管理。目前,公司由财务资产部牵头,制定了详细的存货内部控制制度和财产清查制度，并由运营管理部进行年终的考核。财务资产部在存货资产核算，沟通协调方面起主要作用。物流中心、营销中心及其他各仓储部门必须按照物资管理规定，建立实物台账对保管的物资进行记录，保证所管实物与台账相符，接受财务资产部的监督，配合财务资产部、审计部做好各项稽核工作。各存货实物管理单位负责存货实物的日常管理。在财产清查方面，公司各制造单元必须每月月底组织一次在产品及库存材料盘点，物流中心库房和营销中心库房等管理部门应至少每一季度组织一次存货盘点。公司财产清查于每季度季末进行，存货盘点人员由财务、审计、运营管理、存货保管等部门人员共同组成。盘点时，需停止存货的流动状态，进行有序盘点。对于财产清查、废旧物资、积压物资、账销案存物资等的处理，都制定了相关的管理办法。但是，由于企业的发展速度较快，内部控制中也出现了一些问题。

3.2.3.4 存货采购现状

公司物流中心负责国内物资的采购，营销中心负责国外物资的采购，为了确保采购的规范，制定了公司《采购管理办法》。对于采购方面的成本控制，一是定期研究价格指数，做出采购决策。由于企业所生产的产品基本是由铁道部、地方政府、大型国企采购，因此在合同签订前都有较大的意向性，公司大致能够判断出每年的合同金额及销售数量。每年年初，物流中心都会联合营销中心、财务资产部等相关部门、聘请国内的相关专家学者、教授对当年的市场情况进行分析，对材料的价格指数进行分析，确定全年的采购目标和执行措施。每季度，财务资产部都会组织财经形势分析会，对物价情况、采购情况进行详尽的分析说明，为下一步采购决策打好基础。二是做到货比三家，降低采购价格。物流中心在进行采购时，有着完整的招投标程序，尤其是对于大宗物品的采购有着严格的规定。采购人员在进行谈判时，坚持做到货比三家，需要对采购成本进行降低。三是联合周边企业共同采购。由于历史的原因，公司周边的企业大部分是原公司改制企业，联合他们进行物资采购，可以增加采购的数量和金额，提升企业在价格谈判中的话语权，从而争取到更低的价格。目前，公司的采购情况良好，每年都可以为企业节约大量的资金，收到了很好的效果。

3.2.3.5 生产制造现状

公司各制造单元对于生产有着明确的分工，其中机车事业部负责国内外电力机车的生产和制造，城轨事业部负责国内外城轨车辆、动车组的制造，转向架事业部负责电力机车、城轨车辆、动车组转向架部分的制造，制造服务中心负责各种备料的准备及成型。各个制造单元是企业外购的各类材料主要的流转区域，也是在产品和产成品的主要流转区域。目前，各制造部门按照职责分工，在项目管理中心制定的生产计划统一安排下，按照公司的各项规章制度，由制造单元内部的财务组和物流组负责掌控制造单元的材料使用、调配等情况，目前状况良好。

3.2.3.6 仓储流转现状

企业的存货主要分布于各个仓库及制造单元。其中原材料主要分布于物流中心库房及营销中心库房。库存商品、自制半成品及在产品主要分布于各制造单位。物流中心下设仓储管理部，共分 8 个小组来管理不同类别的原材料，营销中心下设采购部，采购部有专门的库房进行管理，质量安全部下设仪器仪表库房进行管理，各制造单元都在生产管理部下设专门的物流组，负责对材料进行管理。企业各制造单元按照每月项目管理中心的生产计划进行产品的生产，需要使用材料时，根据项目管理中心的材料定额，填写材料申请单前往物流中心及营销中心库房进行领料。生产的产品及产成品都由各制造单元负责保管。产成品经铁道部检测中心、各地方政府检验人员检验合格后，根据合同约定方可实现销售。当前，公司各个仓库的运转基本有序，材料流转除特殊车型需要外基本正常。

3.2.3.7 产品设计现状

目前，公司的产品设计主要由技术中心负责，产品生产的工艺流程由项目管理中心工艺管理部负责。公司目前拥有行业中屈指可数的国家级技术中心，国内最完备的检测试验中心，团队拥有 1 名中国工程院院士，44 名教授级高级工程师，近 3000 名工程师。在产品设计成本控制上，公司非常重视设计降成本，有着严格的规范和要求。一方面利用专家团队，对于客户的要求进行分析，掌握质量和效益的平衡点，尽可能的降低采购成本。另一方面对于产品的设计进行反复的模拟试验，确保设计无缺陷。通过这些努力，基本保证了设计成本的最小化。

3.2.3.8 产品销售现状

当前，公司由营销中心负责产品的销售，客户服务部负责相关售后服务工作。当前，营销中心和客户服务部能够有效根据企业的生产情况，密切联系客户，协调公司各个部门，产品销售成本得到了有效地控制。一是销售部门需要充分的了解企业的情况，对于电力机车交付铁道部、神华集团，城轨车辆交付各个城市的轨道交通公司的时间、进度都有完全掌控，能够及时交付产品而不产生滞留等现象。此外，在签订销售合同时，也会根据当前公司的生产情况做出预测，使生产进度能够有效衔接。二是售后部门积极与铁道部、神华集团等单位进行沟通，对于出现的问题要做好售后处理，以便公司及时沟通和处理。

3.3 存货成本管理存在的问题

作为我国机车制造的龙头企业，公司的管理者们已经意识到在机车制造这个特殊的行业中，存货成本控制在整个生产经营中所起到的巨大作用。公司有专门的物流中心，有相对完善的存货成本控制制度，拥有相关的信息管理系统，在财务管理和内部控制上都有一定的研究，已经初步建立了较为完整的存货成本控制体系。但是与公司发展成为"传世企业"，全面国际化的战略目标相比，当前企业的存货成本控制体系还不能满足这一发展的需求，公司在财务管理、信息系统、内部控制、组织协作环节等方面存在着许多问题，应用的效果和效益还不够高，存货成本也没有得到完全有效的控制，存在着许多需要完善的地方。

3.3.1 存货核算中存在的问题

3.3.1.1 预算的编制不够真实准确

预算是一个企业生产经营的基础，存货预算机制对于存货成本控制有着至关重要的作用。预算是根据生产经营的预测与决策，以各种形式反映企业未来生产经营状况和财务状况的一系列计划和规划。对于机车制造企业而言，市场竞争越激烈，生产的波动随着价格风险的增加而增加，材料的不确定因素越多，涉及的部门就越多，越依赖于存货预算以及存货预算管理。公司虽然有存货预算管理机制，对于全年的生产、采购等工作也有一定的指导意义，但是投入的财力、人力、物力非常有限，各个预算指标的设定具有一定的随意性，没有做到预算方案随着市场信息的变化而变化，对员工的考核力度也较弱，关键是没有形成完整的存货预算管理体系，因此编制的预算不够真实和准确，实用性也大打折扣。究其原因，主要是对存货预算的重视程度不够，没有充分认识到预算带来的好处，也没有掌握存货预算的方法，由于编制的预算实用性不大，所以在预算的编制和执行过程中出现了偏差，不能对于存货成本控制做出准确的指导。

3.3.1.2 材料成本差异率的计算有待细化

公司由于采用的是计划成本法，需要计算各大类材料的材料成本差异率来进行成本费用的分配。一般来讲，依据会计准则的要求，需要采用累计材料成本差异率来计算，即：材料成本差异率等于（年初结存材料的材料成本差异＋本期累计收入材料的材料成本差异）/（年初结存材料的计划成本 ＋本期累计收入材料的计划成本）。上述材差率的计算要求在本期累计收入的原材料计划成本中不包含估价材料。

随着改革开放的不断深入和国有企业改制的要求，公司在上个世纪 90 年代进行了改制，出现了一大批附属于公司，为其提供原材料及半成品的企业。由于受传统思维、历史遗留问题、不规范流程的影响，这部分企业提供的各类材料中就存在一定数量的估价材料，很大一部分的估价材料在实际工作中在没有正常办理入库手续的情况下就已投入了生产。计算材差率的材料成本中不含估价入库材料成本，而发出材料成本中含估价出库材料成本，那么估价出库材料的采购成本差异额就没有分摊，成本核算时就缺少了这部分差异额，由此所计算出的材差率以及分配的材料成本费用就出现了一定的误差。这种误差会影响成本的准确性，导致企业不能真实的反映生产成本。

3.3.1.3 存货计划价调整时间及定额材差率制定有待完善

公司将需要采购的原材料和半成品根据金额的大小和数量的多少分为 A、B、C 三类，物流中心和营销中心执行了 A、B 两类和大部分 C 类物资的采购，各制造单位只拥有很少量的 C 类物资采购权限，不足 5％因此采用的是集中批量采购为主，分散小额采购为辅的格局。在不影响配额税率分类的前提下，材料和配件的材料应当区分，各生产单位应当采购、储存、出库等进行核查。计划股价的盈利能力和配额的实际差异直接影响公司的成本和利润。由于货物的价格受市场价格的影响，因此对股票的计划价格和配额材料的调整就变得非常必要。一般情况下，公司将在 1~2 年内根据市场情况对计划股价进行全面调整。但在调整的过程中，也存在一些问题。

(1) 库存定价错误是由于两次计划的股价调整间隔时间较长，市场经济的快速发展日益公开透明。近年来，原材料价格变化较大，存货价格的变动频率也越来越快，过去的 1~2 年的调整间隔不适应存货的价格变动。在两次调价期间的存货价格与市场价格之间差距逐渐增加，由此会产生一定的存货计量误差，企业必须引起注意。

(2) 调价所引起的材差率波动问题。由于存货价格发生较大变化，在两次调价前后，存货计划价及定额材差率都有较大幅度的变动，因此所导致的结果往往是调价前后差值明显。在公司这种存货金额高的企业，把计划价与实际价持续产生的差异集中在调价当期去消化，对当期的材差率与定额材差率误差较大，在经过一段时间后才能转换为正常的范围，严重影响存货的估价和各期的成本计算。

3.3.1.4 积压物资存货管理有待加强

公司由于产品升级换代、合同要求、生产不当等原因会产生一定数量、规格的积压、待报废存货。对这部分的有效管理，不仅会影响到储备充足的建立，而且会影响关联资金的构成和库存的正常周转。目前，公司库存的积压物资达 6727 万余元。这些积压物资，有些是属于专用材料和配件，由于电力机车转型而不再使用；有些是由于公司政策调整，下放了一部分采购权，原来储备的该部分材料便形成了积压；有些是属于残损变更或技术淘汰形成的。

随着时间的推移，在这部分积压物资中，有些物资如钢材类等会锈蚀或因老化变质而贬值，造成较大的损失，有些物资如油漆和化工产品已经过期不能使用，既占用库容，还存在安全隐患。这些积压物资还要占用公司的大量资金，每年企业还要为此负担近百万的资金成本。这些 3 年及 3 年以上的积压、待报废物资长期占库，不仅不利于库房管理，使存货物资储备过高、延缓资产周转的速度，而且更容易导致物资毁损。在处置过程中，积压待报废物资的处理程序较为繁琐，积压待报废物资需要向上级报告、核实、审批之后才能得到正式的处理，这一流程的时间通常较长，不利于公司处理积压物资。

此外，在账销案存资产处理方面，2005 年经国资委等国家有关部门批准核销资产 962

项，计 1465.35 万元。几年来，物流中心按公司账销案存资产管理办法规定，积极盘活这批物资，已累计盘活资产 456.72 万元，仍有 1010.63 万元资产未盘活。

3.3.2 存货成本信息管理中存在的问题

3.3.2.1 ERP 物流系统存在缺陷

公司采用 ERP 信息系统和 MRPII 信息系统进行生产存货管理，这些系统的实施提高了所有类型数据的准确性，事实上也增加了账户与现实之间、账户与对象之间的相关性。便于管理人员了解业务信息，帮助物流中心采购人员及时了解库存情况，编制合理、准确的采购计划。同时，各制造单元也能随时了解部门材料领用情况，方便了定额考核，这些都有效降低了存货成本。但在实施过程中，也存在着一些问题需要进一步完善。

（1）单据管理不规范。在领料、退料、调拨等各类单据审核中，从安全角度考虑，应该只有授权人才能对电子单据进行审核和反审核，以保证数据的真实。但在目前的 ERP 系统中，存在未授权人也可以进行反审核的情况，可以对于数据进行任意修改，会导致数据混乱、账实不符、成本核算不准确，等情况出现，甚至可能会损害的公司利益。

程序授权不严密，授权不属于经办人的范围。生产单位的采购人员可以通过自己的方式查看供应商的所有信息和获取公司信息权利。为物流信息管理提供安全来源；特别是商业秘密的保护，容易暴露企业的商业秘密，造成不必要的损失。出现这些问题，会严重影响公司的物流信息管理和商业秘密保护。

3.3.2.2 存货信息共享不畅

公司的 ERP 系统和 MRP II 系统，虽然它有效地将财务部门和物流中心联系起来，但公司不同部门之间没有能够共享真实可靠信息的程序，这往往由于信息不对称导致联系不畅。尤其是对于高层管理人员来说，没有能够有效共享公司实时情况的信息系统，没有对供应链进行系统的管理，也没有与先进技术相结合，造成很大一部分资源浪费。究其原因，主要是库存信息系统的开发还处于较低水平，没有按照市场需求及时更新，还没有根据需要开发新的子项目和相关的分析管理方法，导致信息交流不畅。

3.3.3 存货内部控制中存在的问题

3.3.3.1 监督检查内容有待丰富

内部控制制度是有效控制存货成本和有效监督的重要手段。为了使企业在内部控制体系中有效运行，应建立和完善监控体系。目前，公司虽然制定了相应的控制制度，但内容不够，深度不够。一是检查不严格不彻底，财务部未组织控制机构或专人及时发现内部控制存在的薄弱环节，并采取措施予以纠正和改进。二是对各部门的考核不规范、不严谨。运营管理部对库存成本控制相关单位考核没有制定具体考核细则，没有明确奖惩和严格规范成本控制结果，只是停留在表面。

3.3.3.2 存货质量索赔规范性不强

作为库存成本控制的重要组成部分，质量要求的好坏直接关系到产品的可靠性和的成本控制。物流中心专门成立了物资需求组负责这方面的工作，主要是通过各种手段保护公司的利益。但是目前也存在一些问题。

质量索赔取证难。各制造单元一般对供应商有强势心理，不重视证据收集、残值保管和鉴定。特别是产品使用过程中所产生的质量问题，不了解有效质量信息，对质量信息的时效性不重视。

存在单位领用物资擅自换货，对不合格产品进行加工的现象，领料组认定材料、配件在加工过程中不合格或损坏，不需要正式申请手续，而是找供应商私自更换货物，隐瞒质量信息。

进口零件和独家材料及配件很难运到那里的物流中心。大多数进口零部件、材料和配件都是卖方市场的专有产品；另一方在识别质量问题和信息对称性方面也有相当大的优势，索赔成功比其他产品更难。

3.3.3.3 物料流转环节管理不到位

领料退料等物料的流转是否正常，程序是否规范，关系到企业能否正常的经营。但是在公司内部的物料流转中，也有一些问题。

定额领料管理弱化。物料消耗之间的关系是正确计算各类物料需求和生产物料的重要依据总体供应计划，也是有效组织配额的工作标准。而公司的定额管理有淡化的倾向，材料定额由各制造单元制定，报项目管理中心进行审核，定额较为宽松，且项目管理中心只有3人管理定额审核，由于物料的发放与计划员的实际需求量不一致，可能导致计划员的采购量与实际需求量出现差异。在没有任何材料检验和发放证据的情况下导致每个生产单位采购的材料超过实际消耗量，造成损失，增加成本。

退料渠道不畅。由于工艺流程变更、业务联系书更改产品设计，原从物流中心收集但不需要使用的材料和配件没有及时返回物流中心，因为物料反馈流程不通畅反而积压在机车事业部和制造服务中心库房。据统计，2010年底，两部门由于退料渠道不畅而积压的材料达1014960元。如果超积压的物料没有及时使用和加工，就会有各种各样的因素被贬值，同时由于物料没有及时退回物流中心，由于信息不对称重复购买现有物料，增加公司的资本花费。

借条抵库加大风险。在物流中心领料过程中，存在这样一些情况，由于技术中心未能及时提供物料编码，或者由于工艺流程、项目号等问题不能按时输机领料，为了保证公司的生产速度，生产单位或改制企业向物流中心出具借据，先将材料借出，待后再补办调拨或销售手续。这种借条抵库的做法，严重违背了存货管理的相关制度，加大了公司存货管理的风险。

3.3.4 存货相关管理环节存在的问题

3.3.4.1 各部门对于存货成本控制认识不够

在公司内部，各部门、各单位重点关注成本的控制。各单位积极开展"增收节支降成本"、"创先争优、成本为先"、"成本竞赛"等主题活动，纷纷通过技术创新、工艺创新等措施来降低企业成本，提高工作效率。然而，大家认为对存货成本的控制不是重要的关键因素。人们大多数关注存货成本中的采购成本、运输成本等。想要通过集中采购、批量采购等方式来降低成本，对于这个"第三利润源泉"的认识还远远不够，对物流环节所消耗的资金利息、原料积压、跌价损失、设施投入、设备折旧、人员培训、内部控制这些隐形成本，特别是物流组织不当、产品设计、售后服务所导致的风险，甚至包括由于效率低下而增加的时间成本，还缺乏足够的认识。

3.3.4.2 部门协调畅通性不足

由于公司行业的特殊性，存货成本控制涉及的环节多、范围广，需要公司多个部门来共同完成。然而，由于沟通渠道不畅，各部门的协调程度不够，往往会出现许多的问题。财务资产部负责确保公司有限的资源得到充分、合理和有效的利用。因此，希望公司现有库存资源越少越好，降低生产成本和财务成本，提高资源利用率。物流中心和营销中心希望购买大量原材料和购买半成品作为储备，以降低采购成本，减少因大量采购而导致的价格下降。同时还希望能够做到未雨绸缪、提前采购，避免因为供应中断造成生产的停顿和减少。最后，项目管理中心必须确定产品的交付，以便它更关注生产发展。信息管理希望不断更新信息管理系统，提高信息化水平。而每一次调整都会给各单位带来更大的工作量。机车事业部、城轨事业部、转向架事业部、制造服务中心等制造单元希望公司采购的原材料和半成品多于产品需求，以避免因库存和批量生产造成不必要的生产延误，以降低公司的生产成本。

3.3.4.3 人力资源管理适用性有待增强

人力资源问题始终是企业发展和壮大的核心问题。人力资源的配备是否得当，培训是否到位，能否做到人尽其才，直接关系到企业的成败。对于公司，在人力资源配置和管理上主要存在以下几个不足。一是物流中心人员学历偏低，专业人才较少。物理中心作为企业存货成本控制的中枢部门，对于相关人才的需求最大。但是公司物流中心共有员工352人，大专以上学历的仅有118人，其中本科学历的仅有12人，无研究生。在全体员工中，物流及相关专业的人员仅为2人。如此的学历结构和知识结构，已经远远不能满足新时期存货成本控制和相关物流工作的需要。二是薪酬待遇低，岗位变更快。据公司人事部统计，物流中心员工的平均工资是全公司最低的，从事相关物流工作的员工工资也不高。如果公司的其他部门需要员工,从事物流管理工作的员工往往"跳槽"的可能性最大。其他行业的员工因为工资较低也不愿从事物流工作,便造成了招不到人的情况。三是有针对性的培训少,员工切合实际的能力不强。在公司每年组织的培训中,针对物流和存货管理方面的培训较少,员工不能有针对性的就岗位能力进行提升,导致新技术、新系统使用不当,实践能力不强。造成这些问题的主要原因是公司对人才队伍在物流管理和仓储成本控制方面的认识不够,对于专业性人才的挖掘还不深,导致了人才短缺,进一步制约了对于物流管理、存货成本控制体系的完善。

3.4 提升存货成本管理的相关建议

企业的发展离不开科学的管理,而如何利用好企业的"第三利润源泉",是现代企业管理的核心。存货成本控制只靠财务资产部是无法完成的,他是全员的、全方位的、全过程的成本控制,科学合理的管控对提高企业效益有着十分重要的作用。通过前文的阐述,我们已经明确了存货成本控制对公司的发展有着非常重要的作用。本节将在前文论述的基础上,结合当前企业存货成本控制中存在的主要问题,提出符合公司发展和管理需求的措施建议。

3.4.1 加强财务核算的准确性和控制力

3.4.1.1 加强存货全面预算管理

在存货成本控制过程中,加强存货的全面预算管理是第一步。公司的各部门,主要包括财务资产部、物流中心及各主要耗用存货的制造单元,要做到精打细算、全面管理,要把每个环节、每道工序都考虑在内。主要有这几个方面。

(1) 要考虑存货品种的控制。物流中心、财务部、营销中心应对不同客户订单的库存需求进行预测,分析库存并做出决策,结合公司外部环境和自身条件,确定采购哪些原材料和半成品。并以此为依据,充分考虑是否需要相应的替代品。

(2) 存货数量结构的确定。鉴于企业生产经营状况良好,有必要有一定的库存量,但要通过经济高效的方法保证充足的库存。物流仓储中心的库存量需要考虑生产和外部环境。一是满足公司生产经营所用材料、外购半成品的数量、存储能力、均衡程度;二是生产的稳定程度与供应商的供货保证,供货越均匀,货源越充足,生产状态越稳定,储备就能降低;三是根据存货自身特点,一些货物体积较大、不易储存、价值贵重,对于这类货物应减少储备;四是运输条件与运输距离,供需双方交通越方便,距离越近,就可以减少储备。

(3) 存货投入量的预算。物流中心应充分考虑企业生产经营情况、仓储要求、生产过程中的物料控制标准，进行定额投资、批量投资或一次性投资。

（4）控制存货的采购批量。每一次购买都会产生一定的成本，费用的多少又取决于一定期间内企业采购的次数。采购的次数越多，费用就越多，但是采购的次数越少，又会使得单次采购量加大。物流中心在采购时，需要找到采购点和采购量的最终平衡点，尽量减少储存费用和采购费用。

（5）预算的审核及监督管理。预算编制完成后，经公司分管的副总经理审批后，将企业预算一起报告给总经理，经过总经理批准后才能实施，运营管理部要加强对预算执行情况的监督检查。

3.4.1.2 存货会计核算要进一步准确

鉴于上述成本差异较大等财务会计问题，应坚持真实性原则，让企业存货的成本在当期财务报表中反应的更加合理。主要可以从如下几个方面着手：

（1）具体细化材料成本差异率的计算。以各大类材料的定额材料率（公司在计划成本法核算时，应经常分析不同类型材料的市场价格和计划价格，以科学的方法制定分大类材料的定额材差率，以考量各期材差率的计算，及时发现并纠正问题）为标准，如果能够合理评估本次的计划成本和材料成本差异，并将评估纳入差异率的计算过程中，则可以更合理地计算材料成本差异，从而真实地计算公司的存货成本。

（2）有效进行计划价格调整。有必要在广泛调研的基础上，收集大量的市场信息，进行有效的筛选、统计、分类分析、利用信息管理系统建立高效的价格分析与修正体系，规范并持续记录计划价格变动对营业成本的影响，做出合理、规范地调整，适当缩短存货调价时间间隔，加大调价频率。在完善企业计划价分析修正体系的基础上，在调价的方式上改变较长时间，集中一次性全部调整为适当缩短调价期间分类别调整，定额材差率和计划价格就会较顺利地过渡，也会使各期的成本核算较为均衡。

3.4.1.3 清理积压物资，盘活资产效益

公司针对积压物资较多的问题，应该对长期没有动态的积压物资进行专题研究，同时也要进一步加强材料物资管理，避免或减少新的积压造成的损失。有以下几种方法。

（1）对已存在的积压物资要尽快处理。面对6527万元已经存在的积压物资，物流中心要牵头组织财务资产部、技术中心、质量安全部等职能部门和各制造单元，对积压物资逐项进行分析，从技术、工艺、财务、生产等多角度来思考处理方案，提出处置方案和措施，供公司高层进行决策，尽早处理，盘活资金，降低成本，减少损失。

（2）进一步加强物资管理。物流中心要严格按照生产计划，充分考虑现有库存（包括各生产单元的库存）和保有量，科学制定最优的经济订货量。各职能平台、制造单元要积极配合物资管理，在调整相关管理政策时，要考虑库存材料物资的处置。技术中心应该建立设计变更相关事项联系工作制度，以减少设计方面的不利影响，最大限度的提高利益。

在设计变更调整时，应与物资管理部门的沟通，在条件允许的情况下，对物料进行综合利用，减少经济损失。对以后发生的积压物资应该在最短的时间内及时处理、盘活，控制成本，减少资金占用和损失。

(3) 加强对账销案存物资的盘活和处理。目前公司还有待处理的账销案存物资 1010.63 万元。虽然这些物资除给公司的管理成本外，不会给企业造成损失。但处理这批物资能增加公司的现金流和额外的收入。若长期闲置，会因锈蚀、变质而贬值。公司物流中心应带头组织财务资产部等部门进行专题研究，采用一定方式处理。一些货物没有使用价值，应迅速办理报批和销案工作以减少管理成本。

3.4.2 进一步强化信息技术优化的支撑作用

3.4.2.1 提升 ERP 系统的管理水平

自企业 2004 年开始逐步在全公司推广 ERP 系统以来，在信息管理和控制、财务核算等方面都取得了一定的成效。但是公司的 ERP 系统管理还处在一个比较低的发展水平，其内容还不完善，没有得到有效升级和提高。可以从如下两个方面来着手。

(1) 全面诊断当前 ERP 系统的安全性。公司应该组织信息管理部、财务资产部、物流中心等职能部门和各制造单元与 ERP 物流系统的开发商和供应商就 ERP 系统的安全性进行一次全面诊断，不断完善该系统，消除或减少不安全因素，提高其安全的可靠性。同时要严格规范系统授权，加强物流信息管理，防止商业机密泄露给公司造成损失。

(2) 对现有系统进行升级改造。自 2007 年公司对 ERP 系统进行首次升级改造后，就没完整提升产品的性能。随着时间的推移和企业不断发展壮大，由 2007 年销售收入 36 亿元跃升至 2010 年的 140 亿元，企业的物流系统、财务系统都急需进行更新换代以适应百亿企业的发展需要。在深入研究的基础上，信息管理部门应广泛征求不同职能平台和生产单位的意见，考虑在 ERP 系统下为现有产品现代化配置专项资金。

3.4.2.2 建立切实可行的存货信息共享机制

目前，公司物流中心对生产过程中的重要物料实施生命周期控制的理念，特别是对于库存品种和规格繁多的企业。为了及时了解库存的确切数量，以便采购部门能够制定采购计划，必须在所有部门之间进行有效的信息交流，主要从以下两个方面进行。

(1) 各部门的信息共享。公司应由分管物流工作的副总经理牵头，由物流中心定期组织财务资产部、信息管理部、项目管理中心等职能平台和各制造单位召开联席会议，通报近段时期存货成本控制的相关情况，对遇到的问题进行分析。各部门、各单位也应就近段工作开展情况进行说明，就有关问题和解决办法达成一致。在日常工作中，可以通过业务联系书等载体来加大交流的力度，以便交流信息获取资源。

(2) 高层管理者的信息共享。企业管理者对成本控制很重视，但是他们的信息只能通过各部门来获得。公司可以联合相关软件公司开发适合于高层管理者了解企业存货成本控制情况的软件。高层管理者只需打开电脑使用软件，各项存货的指标就能展现出来，实现信息共享。

3.4.3 切实加强内部控制以减少存货管理漏洞

3.4.3.1 强化监督检查机制

各单位应对存货管理实施定期或者不定期的检查。财务资产部、审计与风险管理部、运营管理部、装备工程部、监察部等职能平台可根据需要进行专项检查。通过监督检查，要及时发现存货资产内部控制中的薄弱环节，加以纠正和完善。对于违反公司规定的，要予以严厉考核。主要可以从如下几个方面改进检查内容。

（1）存货资产管理相关岗位及人员的设置情况。重点检查是否有存货资产管理和职务混岗的现象，岗位的设置是否合理，人员的配备是否到位。

（2）存货资产管理授权批准制度的执行情况。重点检查存货的领用，发出授权批准手续是否健全，是否存在越权审批行为，实物资产的处置是否存在越权审批行为。

（3）存货资产的使用和保管情况。重点检查存货资产使用和保管制度是否存在漏洞，应该如何进行完善。

（4）存货资产账务处理情况。重点检查存货资产计价是否正确，资产处置的账务处理是否正确。

3.4.3.2 规范存货质量索赔程序

质量索赔工作经常性发生，是一个持久性的工作。公司应该加强对物资质量索赔的控制，最大限度地减少损失，维护公司的合法权益。可以从如下几方面来进行改善。

（1）制造单元应按索赔程序办理索赔事项。全体员工应该充分认识到质量索赔重要性的认识，积极配合物流中心质量索赔部门工作。提供有效的质量索赔信息，保全索赔证据，保留残值，为质量损失鉴定提供有力证据，提高质量索赔的成功率。

（2）加强对质量索赔工作的考核。对于违反公司管理程序和相关规定，擅自与供应商换货，不配合物流中心有关部门进行工作的人员，应当承担相应的经济责任。

3.4.3.3 加强对物料流转环节的控制

物流流转是库存成本控制的重要组成部分，它取决于库存在流通过程中是否规范和分类。此外，财务部、物流中心、营销中心和生产单位必须加强物流控制降低企业成本。

进一步强化定额领料管理。公司应该理顺定额管理流程，强化材料定额管理，及时制定并下达各车型电力机车、城轨车辆、动车组的科学合理的材料消耗定额，物流中心就可以在材料采购、发料审核时，加强领料定额控制，避免超储积压，减少浪费损失，降低成本。

制定退料管理流程及办法。公司运营管理部要牵头制定退料管理办法,使各制造单元因工艺流程变更、产品设计更改等方面所形成的剩余材料能够及时退回物流中心,减少退料中的环节,避免通过重复采购或不良的渠道开发新材料,提高资源利用率,减少损失。

杜绝借条抵库等不良行为。公司各单位要加强沟通与合作,在设计确认材料及技术要求后及时编码,项目管理中心及时下达项目号,物流中心及时制定材料价格,所有生产单位应增加生产的可预测性做好相关准备,尽量避免借料情况发生。

3.4.3　通过协同努力实现存货总成本最小化

3.4.3.1　提高存货成本管控意识

思想决定行动。公司员工是否有存货成本的控制意识,决定着他们能否将这种意识运用到实践中。企业应强调库存成本的重要性,以提高企业的经济效益,并从以下角度提高对员工库存成本的管理和控制意识:

(1) 全员角度提升。企业要不遗余力的宣传存货成本控制的重要性,充分利用宣传看板、公示公告栏、张贴橱窗等平面媒体,《电力机车报》、《内部简讯》、《株机青年》等纸质媒体,九方电视台等影音媒体对存货成本控制进行宣传,也可以对员工进行宣讲,让所有的员工清楚存货成本控制的重要性,公司怎样才能控制存货成本,在哪些环节能够控制成本,做到每个员工都关心存货成本的局面。

(2) 专业人员角度提升。对于财务、物流、仓储、信息管理、营销、设计、生产等专业存货成本控制的人员,为了提高企业对库存成本控制的认识,企业应定期或不定期组织交流会,讨论工作中遇到的问题,提出解决方案,使之成为管理控制专家和企业精英。

3.4.3.2　加大考核力度,强化部门协调

公司运营管理部可以根据存货成本控制的要点,对物流中心、财务资产部、信息管理部、营销中心等职能平台和各制造单元下达相应的考核要点。对于存货成本控制方面做得好的部门,要给予嘉奖,对于存货成本控制较差的部门,要进行惩罚。

对于各部门的协调配合工作,财务资产部作为存货资产的管理部门、物流中心作为存货的保管和权责最大的部门,一定要起到主导和协调的作用。要在各部门、各单位之间发挥桥梁和纽带作用,及时解决问题,形成良好的协调沟通机制。对于存货成本控制问题要由分管财务的副总经理、总会计师牵头,定期进行交流,各部门要对近期一段时间存货成本控制问题进行书面说明,说明所采取的措施,沟通遇到的问题和困难,并提出下一阶段改进问题的具体办法。

3.4.4　加强存货成本控制人才队伍建设

3.4.4.1　深入研究存货管理理论

理论来源于实践,并进一步指导实践,尤其对于存货管理这种源自企业发展内在需求

的管理科学而言，理论的指导意义更为显著。存货成本控制的相关理论从有工业发展之初就已然存在，经过多年的不断发展与创新，目前已经发展成为一门兼备经济学、管理学、信息系统等多学科综合的实用科学，并在企业生产经营领域中整合设计了不同的部门。随着信息技术的飞速发展和知识经济时代的到来，存货成本控制理论的理念和思维还将得到进一步的发展和升华，以满足行业的实际需要。

当前整体而言，公司对存货成本控制的认识还不够深刻，对其组织、运作等相关环节的认识较为不足，这将影响功能的发挥，因而有必要加强员工对存货成本控制理念的培养，提高认知水平，时刻关注新思想、新动态。鉴于理论的研究需要高层次人才的参与和协作，公司可以与省内或者国内的重点高校以及著名咨询公司进行联合，借鉴他们的人力资源优势，成立相关课题研究小组，结合企业的发展实际，对库存成本控制的相关理论进行深入研究，不断提高公司的存货成本控制能力，改善企业的经济效益。

3.4.4.2　学习和积累存货成本控制实践经验

存货成本控制是一门实践性科学，历史信息、实践能力对实施的效果有很大的影响。为了更快的学习和积累相关实践经验，企业对几家在存货成本控制方面做得比较好的企业进行现场调研。"它山之石，可以攻玉"，通过学习优秀企业的成功经验，使得企业人员专业素质获得提升。同时，在公司内部，我们要更加注重积累在实际过程中所形成的好的经验和做法，每年对库存成本控制进行总结和分析，以形成书面的材料。为未来工作的持续优化打下坚实的基础。

3.4.4.3　引进高级存货管理人才

随着经济全球化的逐步深化，人才已成为企业发展、社会进步和国家复兴最宝贵的资源和最重要的竞争优势。公司一直不遗余力地加强人才队伍建设，倡导"快乐工作、健康生活"的积极向上的理念，不断提高员工的薪酬待遇，提升员工的幸福指数。在世界经济稍显低迷的情况下，这种做法是切实有效的。公司也正是通过这些措施和途径，来不断的宣传它对人才的需求和态度。

人才队伍建设是一项长期而艰巨的任务。存货成本控制工作新兴而复杂，必须依赖高素质的管理人才队伍才能做好。面对企业当前物流人员学历结构和知识结构的现状，公司应该大力引进物流等相关专业的本科生、研究生，引进其他单位的存货成本控制工作经验丰富的业务骨干，为存货成本控制的持续改进和优化提供人才基础。同时，要不断提高员工的业务素质和职业技能来逐步适应企业专业化、多产业、国际化发展的需要。

第4章 轨道车辆生产项目成本管理

4.1 轨道车辆项目成本管理相关理论

目前项目成本管理在轨道交通制造企业中已经得到了广泛应用，但是由于我国对项目成本管理的理论研究与应用相对滞后，导致该管理方法在具体实施中存在许多不足，已经成为该行业企业提升管理水平的制约因素。我国轨道交通装备制造企业必须通过运用现代先进的项目成本管理的理论与方法，才能对轨道交通项目的整个生命周期过程进行科学的管理，对项目目标进行有效控制。

4.1.1 项目成本管理理论

4.1.1.1 项目管理与项目成本管理的关系

项目管理（Project Management）作为管理学学科的一个分支，就是把知识、技能、工具和技术应用于项目各项工作之中，以满足或超出项目利益相关者对项目的要求和期待。项目管理是对包括策划、进度计划、项目活动进展等一系列项目相关活动的整体监测和管控。

项目成本管理（Project Cost Management）又称为项目费用的管理和项目投资的管理，它是项目管理中最重要的"三大目标"之一。通常情况下，业主方常用投资管理；承包商习惯用成本管理。业主方关注成本是期待在满足项目必备功能的情况下节约投资；承包方强调成本管理是为了追求更大的利润。所以，项目的任何参与方都十分重视项目成本管理。

4.1.1.2 项目成本管理的内容和特点

项目成本是项目整个项目生命周期全过程中所耗费各种资源的费用总和。这是广义的项目成本概念，实践中常用狭义的项目成本概念，即从项目启动到项目收尾（交付成果）所耗费的费用，不包括项目使用（运营）阶段的费用。

项目成本有四个主要构成部分：项目决策工作成本；项目设计工作成本；项目采购工作成本；项目实施工作成本。具体的项目成本包括：人工工时成本、原材料成本（包括辅助材料及原材料)、顾问咨询费用或专家服务费用、设备折旧和租赁费用、保险、分包商等其他费用、以及管理等不可预见的费用。

在项目成本的上述构成中,实施成本占绝大部分(通常大于90%),所以项目成本管理的主要工作就是对项目实施成本的计划与有效控制。

项目成本主要包括以下五种估算的方法:类比估算法、参数估计法、标准定额法、工料清单法、软件工具法等。项目成本管理:就是要确保在预算内完成项目目标,通过制定成本管理计划、成本估算、成本预算、成本控制四个过程逐步完成,项目成本管理需要对各个项目过程进行管理。项目成本管理的内容包括对项目成本进行合理计划和有效控制两部分;还包括对项目费用进行预测、确定费用目标、制定费用计划、实施中检查核算与分析、采用控制措施以及确保项目完成时费用不超支等一系列工作。

项目成本管理特点是其主要与完成活动所需的资源成本有关,同时也要考虑决策对项目产品的使用成本的影响。在许多应用领域,未来财务状况的预测和分析是在项目成本管理之外进行的。在有些场合,预测和分析的内容也包括在成本管理范畴,此时就得使用投资收益、有时间价值的现金流、回收期等技巧。项目成本管理还应考虑项目相关方对项目信息的需求,不同的相关方在不同时间以不同方式对项目成本进行度量。当项目成本控制与奖励挂钩时,就应分别估计和预算可控成本和不可控成本,以确保奖励能真正反映业绩。

4.1.1.3 项目成本控制与过程控制

成本控制(Cost Control)是保证项目成本在预算范围内的一系列工作。根据项目预算对生产过程中的实际产生成本进行检测,发现实际产生或潜在发生的偏差,进行预案准备并制定保持成本与目标相符合的实施措施。成本控制的过程即是对企业在生产经营过程中发生的各项成本进行计算、管控和调整的过程,通过发现薄弱环节,向内挖掘潜力,持续改善来降低成本的过程。成本控制的目的就是为了防止资源的浪费,持续降低成本,并将成本控制在较低的水平,促进企业改善管理,提升企业素质,令企业不断发展和壮大,提高企业在市场环境下的竞争力。

生产过程控制(Production Process Control)是为了确保项目生产过程处于受控状态。它的作用在于系统地控制项目生产过程,重点对直接或间接影响过程质量的因素进行控制,并制定实施控制计划,确保过程质量。包括:物资控制、可追溯性和标识、生产关键过程控制管理、文件控制、设备的控制和维护、过程更改控制、验证状态的控制、不合格产品的控制。

4.1.2 轨道车辆制造企业项目成本管理及特点

4.1.2.1 轨道车辆制造企业的概念

轨道交通制造业涉及的企业范围较为庞大,上游包括土木工程、工程机械等基础建筑领域的企业，中游包括轨道车辆制造企业，以及通信信号系统、牵引供电系统等电气企业，下游包括客货运输、公共运营等产业。轨道交通装备制造企业主要是指城市轨道交通、城际铁路、干线铁路等各种制造轨道交通装备企业的总称。即是轨道车辆制造企业，其主要产品包括城轨车、高铁、动车、普通客车、电力机车、地铁等。2015年经国务院同意，国务院国资委批准，中国北车股份有限公司与中国南车股份有限公司合并组建中国中车公司。中国中车成为以轨道交通装备为核心，跨国经营，全球领先的高端装备系统解决方案供应商。

4.1.2.2 轨道车辆制造企业项目成本管理的内容

在轨道车辆制造企业中，项目实施的过程是一个产品结构复杂、工艺繁琐、流程交叉的过程。项目实施阶段主要包括：通过设计方案，进行工艺转换，根据采购计划进行采购，质量管理部门要做好材料进场质检工作，按生产计划进行产品的生产制造，在这个过程中一切活动以支持生产制造为准则。

基于成本控制的轨道车辆制造企业项目管理，需将成本控制工作贯穿于项目的全过程，不能局限在项目实施阶段。在项目实施的过程中，对生产活动所消耗的原材料、人工工时费用开支等进行指导、监督、调节和控制，及时纠正有可能发生或已经发生的偏差，控制各项生产费用在计划成本的范围内，来保证实现成本目标的完成。

轨道车辆制造业企业项目一般可以分成四个阶段：计划阶段、设计阶段、实施阶段、收尾与验收阶段。轨道交通装备制造企业项目成本管理是贯穿整个项目周期的，是项目得以进行以及企业实现利润的保证。

在项目管理前期的项目计划与设计阶段，项目成本管理主要包括对轨道车辆制造企业项目的进行准备和评估，确定项目的范围及目标，项目进度计划，对项目成本进行估算，制定包含质量和风险管控在内的综合计划，保证项目实施的科学可靠，完成项目立项，并送报上级领导单位审批。前期的项计划和设计阶段的设定需尽量全面、科学、完善，它是后面阶段的管理实施和验收效果的保障。

轨道车辆制造业企业项目成本管理实施过程是一个动态的过程，贯穿于项目的始终，是全面落实项目规划工作的过程。这个动态的管理过程是一个非常关键的环节，实施的难度非常大，是一个反复发现偏差并及时纠正的过程，是项目计划能否顺利完成和顺利实施的重要环节。在项目管理过程中，必须要对各种费用的产生进行严格的控制、监督和计划，避免出现不必要的资源和资金的损耗，当出现浪费时，应该及时的采取应对措施，进行纠正，尽可能地将费用控制在原定的计划成本内，与此同时，必须要保证产品的质量是符合客户需求和相关标准规定的，企业在完成内部质量控制后对客户进行交付，最终顺利完成整个项目。

轨道车辆制造业企业项目成本管理的收尾阶段是项目管理的一个重要阶段，关系到企业是否能交付，是否符合客户需求，是否通过有关部门的检测，是实现企业最初的项目目标保障，从而能够确定企业获得实际的经济收益。项目成本管理的收尾阶段应该包括对项目的验收、项目的内部审计和项目的总结评价。项目的验收的目的是为了确保完成的是符合相关部门的质量规定的，同时检验产品是否符合顾客的要求，并核查结果记录在验收文件内的活动。项目审计是国家的审计机构根据国家的相关规定，按照合法的程序对企业的各个项活动进行科学的、全面的检测和审核，确保企业各个项目活动是合法并有效的。项目总结评价能对企业项目成果做出科学、客观的评估，及时有效反馈信息，提高未来新项目的管理水平，为项目投入运营中出现的问题提出合理的改进意见和建议，达到提高投资效益的目的。项目总结还能为企业的决策者提供一个科学的、正确的指引，以避免以后企业的项目活动决策失误，及时的对项目产品进行纠偏和调整措施，从而实现企业和顾客双方的经济收益。

4.1.2.3 轨道车辆制造企业项目成本管理的特点

根据轨道车辆制造业行业的产品范围、结构特点与行业环境，轨道车辆制造业主要有以下几方面特点：

（1）市场潜力巨大

目前国家现今大力发展轨道交通建设，主要包括城际列车和地铁。轨道车辆制造企业将会迎来前所未有的巨大市场。这种机遇将会给企业带来数千亿元级别的订单，给相关企业的发展提供巨大的动力。这种动力又会给产业带来巨大的资金和科技的注入促使技术不断创新，使得中国的轨道车辆制造业能够在短时间内快速发展。

（2）技术含量高

轨道交通装备制造业是一个具有自主研发高铁、动车、电力机车、客车、货车、地铁及其配件的完整配套的轨道交通装备产业体系。与其他装备制造业相比，涉及从自主设计研发到制造装配的全过程，技术自主性较强、难度大、附加值高。

（3）信息化程度高

当今铁路运输正向重载化、高速化发展，信息化的运用将是轨道交通装备制造业发展的重要趋势，在整个生产、销售、检测过程中，高信息化的结合运用将是今后轨道交通装备制造业发展的一大重要趋势。这就要求轨道交通装备制造企业拥有成熟的重载技术和高速技术，并且未来轨道车辆技术发展的主流，总体设计倾向于轻量化、集成化、模块化的理念，车体的制造更倾向于低地板化、轻量化不锈钢以及铝合金车体。

（4）产品结构复杂

轨道交通装备制造企业是一个不但技术平台要求高，而且产品配套要求也要高的产业，涉及机电、机械、电子、材料、信息工程等多个学科领域，其产品结构相当复杂，一个动车组就需要配件万余种，核心的部件将近两千种。物料BOM清单数量庞大，层次复杂，给生产过程中原材料或配件的采购、运输、存储等带来较大困难。

(5) 项目运营成本高

轨道交通装备制造项目包括：设计流程、生产流程、工艺流程等，流程繁多，管理复杂，从开发、技术到管理工作都需要大量的专业性人员，人工成本随之的增加；产品结构复杂，又导致物流管理费增加。因此轨道交通装备制造企业的项目运营成本较高。

因此，轨道车辆制造企业项目成本管理具有的特点是：企业遇到了前所未有的市场机遇，市场潜力巨大的同时，因不同地区有不同的产品需求，个性化程度迥异带来了产品结构复杂度增加；基于不同客户需求的不同操作系统和人机界面，产品设计理念也随之不同，信息化程度逐步提高；产品生产流程、工艺流程复杂不一，技术难度增加，项目运营成本相应提升。目前轨道车辆制造企业项目已趋于复杂化、个性化、高技术化和高信息化，给项目成本管理带来新的挑战。

4.1.3　轨道车辆制造企业项目成本管理现状分析

4.1.3.1　轨道车辆制造企业项目成本管理发展现状

在轨道车辆制造企业中，经济效益是通过项目成本管理来实现的。项目成本管理水平直接决定了企业项目成本的多少，利润的高低，企业经营目标是否能够实现，企业的综合竞争力是否强盛。与建工施工、软件开发等企业相比，轨道车辆制造企业项目成本管理现状有如下特点：项目成本管理应用相对时间较短，正处于适应期；正处于项目成本管理初期，还未进行项目成本的量化与优化管理；少数企业刚刚开始实施项目成本管理，信息化应用程度低；管理方法单一，还依赖沟通协调的传统方法进行项目成本控制。

无论是理论体系上还是应用层面上，轨道车辆制造企业项目成本管理都还有很长的一段路要走，随着轨道车辆制造企业的发展与壮大，项目成本管理会逐步走向成熟。轨道交通装备制造企业项目成本管理是全企业、全员参与的过程。

4.1.3.2　轨道车辆制造企业项目成本管理的问题分析

由于轨道车辆制造企业的特殊性，导致该项目成本管理在具体实施中存在许多不足及问题。主要表现为原材料采购、存储过程及物流配送混乱；人工工时统计不准确，厂房、设备等资源使用不合理；质量问题导致成本上升等问题。在生产制造过程中，企业只注重引进和创新先进的生产技术，忽视了对于成本的控制，企业的成本控制往往只局限在对原材料的成本控制，没有能从项目的全部的生命周期上去进行成本控制。主要包括以下几个方面：

(1) 原材料定额、存储过程及物流配送混乱

在轨道车辆制造企业生产中，企业利润的高低在很大程度上取决于原材料成本控制水平的合理程度。在项目直接成本中，原材料所占的比重高达70%。当前，在轨道车辆制造

项目中，普遍存在原材料采购计划难以执行、定额领料制度难以实现、原材料存储及物流配送过程混乱等，导致材料成本的增加。

在轨道车辆制造项目的实施过程中，原材料采购计划的制定必须与项目生产计划吻合，采购过程必须与施工过程高度衔接。但是，在实际的项目过程中，随意采购现象依然较为严重，对材料的使用情况制定相应的限额领料制度，即以明确的定额对项目所要使用的材料加以限制，但是在实际施工过程中，在原材料领料使用阶段，无法实现对领用数量进行严格限制，原材料定额的形同虚设，必然造成各类原材料超量使用。

（2）工时定额、制定和审核方法落后

人工工时是工人生产一道工序所需要花费的时间成本。工时定额是工艺布局中的重要组成部分，只有根据工时定额才可以安排生产计划，进行人工工时成本核算，确定设备及人员数量，从而规划厂房生产面积。随着生产工艺的不断优化，先进设备的引进，劳动生产率的提高，工时定额需要不断进行修订完善，保证工时定额的准确性。

在轨道车辆制造项目的实施过程中，一般根据经验估计法、统计分析法、行业对比法等制定人工工时定额，工时定额制定及审核方法落后，数据缺乏科学性、计算过程复杂、表格繁琐、工作效率低。在管理过程中工时定额数据受主观因素影响大，数据的准确性无法保证，无法形成先进、合理、科学的人工工时定额标准。

（3）资源未进行合理配置

企业为提高自身产品竞争力，需合理进行资源配置，尽可能的避免基础设施建设和重复购置相同装备，同时准确找出薄弱环节，对生产瓶颈等关键点进行重点投入和提升。对厂房及生产线的进行合理布局，以项目为契机，合理安排工艺路线、工艺装备进而合理化布局，实现流水生产线，提高生产效率，合理化资源配置，降低公司成本。

在轨道车辆制造项目的实施过程中，以机械设备使用为例，使用的设备主要分购买设备与租赁设备两大类，设备的使用、维护、折旧会造成大量的成本支出。企业在购买或租赁设备时，未结合厂房生产线实际情况，片面追求先进设备，不平衡生产线各道工序，容易造成某工序生产效率片面提高，但流水线节拍未得到有效改善，导致投入产出比低下。

（4）项目成本管理不完善

一般来说，成本各要素之间存在着内在逻辑关系。以质量成本为例，随着产品质量的提高，鉴定的成本随之增加，而内外部质量损失成本减少。但如果鉴定成本过少，又将导致质量损失成本剧增。

在轨道车辆制造项目的实施过程中，存在质量或其他要素与成本的协调问题。如工序外生产或者零部件产品外包，会导致质量成本及运输成本急剧上升。若所有零部件完全自制，又会导致前期投入巨大，部分设备浪费严重，厂内有限资源无法得到合理配置，部分生产工序产能不足，而其他工序产能浪费，必然导致项目成本增加。

综上所述，目前，在轨道车辆项目实施中，成本管理问题严重，暴露了当前轨道车辆制造企业管理体系不完善，缺乏生产过程控制，片面注重引进技术及成本管理缺乏系统性等原因。

（1）缺乏生产过程控制

轨道交通工程施工中，原材料定额、存储过程及物流配送混乱，工时定额制定的不合理以及资源未进行最优化配置等问题的存在，主要原因在于缺乏项目实施中过程控制。目前，在项目成本管理过程中，大家将注意力集中在项目预算，缺少重视项目成本管理过程控制，导致项目实施过程存在诸多成本控制问题。没有有效的过程控制方法，就无法及时调整与管理项目施工过程。如生产过程中工艺方案发生改变，成本预算却无法及时做出调整等。

（2）片面注重技术引进

我国轨道车辆制造企业的发展水平刚刚赶上发达国家，但引进、吸收、消化国外先进技术，然后再创新依然是企业发展战略之一。轨道车辆制造企业的项管理信息化的建设是一个复杂的过程，不是单纯的引进一套软件、开发一个系统就可以完成的，项目信息化设是一个企业和信息化融合的过程。所以必须要准确的分析轨道交通装备制造企业的经营特征、主要业务活动，将信息化充分的容入到企业项目成本管理的活动中去，真正地发挥信息化在项目中的作用，这样信息化才能推动项目管理快速有效的发展。

（3）项目成本管理缺乏系统性

轨道车辆制造企业生产的项目产品技术含量高，企业肩负的社会责任大，因此质量、安全是轨道交通装备制造企业生命线。在项目成本管理过程中，产品质量控制几乎成为了项目管理的全部，由此忽略了项目成本管理其他组成部分，忽视了项目各阶段的具体实施步骤与方法，缺乏项目成本管理的系统性。

4.1.3.3 轨道车辆制造企业项目成本管理优化策略

由前文可知，项目成本管理在轨道车辆制造企业中的应用存在诸多缺陷与不足。对项目成本管理过程而言，管理效果的提升必须以对成本管理过程的有效管控为基础，只有对成本管理过程进行分析与控制，针对其具体实施流程对轨道车辆项目中成本管理加以改善，促进成本管理体系的不断改进与实施效果的显著提升。轨道交通装备制造企业的项目成本管理以调整和制定企业的发展战略，来控制企业的各项业务、主要流程和组织的结构，从而将分解以后的企业战略指标深入到企业各个职能部门的管理制度中，最终实现对整个企业的发展方向和整个企业的人、资源等的控制。通过对项目成本的关键实施过程及项目全过程的管控，来提高项目成本管理。

（1）加强项目实施过程管控

在轨道车辆项目中，原材料、人工、厂房设备资源等的利用是否合理直接决定了成本目标能否实现。因此，应针对原材料定额、人工成本、现有机械设备资源配置等进行严格管控。

　　在项目施工过程中，原材料成本占实施成本的大部分，因此节约原材料是最有效的成本节约方式。需尽量避免因原材料的不合理使用，造成资源浪费及成本的提升。施工定额作为企业性质的工程定额，能够反应施工企业的平均先进生产力水平和项目管理水平，对定额进行管控，既有利于施工企业参加日益激烈的市场竞争，也有利于企业不断提高生产力水平和企业的长远发展。在项目开展前，需对结构原材料进行分析，同时充分掌握市场原材料价格动向，在合理的市场周期内利用低价格采购合格的原材料。另外原材料质量需得到有效保障，材料须有合格证明，对关键部位原材料，在必要时对进行第三方复检，确保原材料质量过关，达到标准要求。采购完成后，在入库之前还需对原材料及采购的零部件进行质量检测。在项目执行过程中，按生产节拍进行物流配送，避免过度配送，导致材料浪费，最终造成成本增加。

　　在人工成本控制中，利用合理的人工工时统计方法，进行节拍时间统计，发现生产线瓶颈工序，通过增减人员，新购设备或工序再切割等手段，保证生产线节拍统一，形成流水线作业，进而合理的利用人工资源，减少因等待、搬运及无效作业导致的人工成本上升。另外还需要对分包商的人工成本进行核算，必要时帮助生产厂家进行生产线优化，减少因分包，造成的人工工时虚报或工时过高造成的成本上升。通过这些方法，对项目中人工工时成本进行严格管理，以实现降低工时成本目的。

　　在项目准备过程中，应对厂房及生产线的进行合理布局，利用现有生产线的工装及设备进行优化，结合实际生产能力，及生产线上机械设备状态，以项目为契机，合理安排生产工艺路线，减少人员、设备的过程等待时间，实现流水生产线，减少人工、设备、厂房等资源的浪费，降低成本，提高公司利润。

　　（2）加强项目全过程管控

　　在轨道车辆项目中，应当深入贯彻成本控制、精益生产的先进理念，在全体人员中树立并强化节约成本的意识，将成本控制的概念深入贯彻到项目实施的每一个环节，成本管理必须对项目进行全过程管控。在当前的项目成本管理中，以成本预算的方式对项目成本加以管控，但是在具体的实践过程中，尚未形成系统的控制方法，导致了成本管理效果欠缺，无法达到最佳目标。比如有些项目在过程中注重成本预算，但项目过程中缺乏成本控制，没有做好落实工作，导致预算超标；有些项目在工艺方案变更后，预算没有随之变更；有些项目中仅在事后采取一定的控制措施。以上这些问题的产生，表明思想上对项目成本控制认识不足，更大程度上也说明缺乏有效的生产制造全程控制方法。因此在项目成本管理过程中，应以加强对项目进行全程控制，从而实现项目成本管理的提升，降低成本，促进企业利润扩大化。

4.2 轨道车辆生产项目成本核算

4.2.1 采用作业成本法核算的可行性

4.2.1.1 生产流程

公司的生产中心主要有三个。一是车体涂装车间，主要工作是将从母公司中车长客公司采购的车体按业主要求的美工方案进行涂装处理。二是装配车间，负责将客车各种组成部分安装到车体上，从工序上讲，装配车间分为预组装和总组装，其中预组装主要负责按技术图纸对车上基础部件进行安装，例如：基础水电路布线、各类管线布线等；总组装主要负责在完成车辆预组的前提下，将车上重要部件按设计图纸进行安装，例如：安装转向架、塞拉门、牵引、制动、控制柜等工序。三是车辆调试车间，主要工作为对完成总装后的轨道车辆进行各项调试，分为单车调试和整车调试两个部分，其中单车调试主要是在静态状态下对车辆行车前的电气系统、信号系统、空调系统等进行调试，整车调试主要是在试验线路上开动轨道车辆，对车辆各系统之间进行联动测试。由于各种生产车间各司其职，分工明确，所承担的工序各不相同，因此在进行成本核算的过程中各种费用完全按照工时进行分配，会造成与某一工序被分摊了与其并不相关的费用。因此，工序的复杂性为某公司采用作业成本法提供了基本条件，根据不同的作业动因采用不同的分配标准，可以有效的避免单一以工时作为成本分摊标准所造成的成本失真。

4.2.1.2 经营模式

轨道交通车辆制造业一般按订单的进行生产，每一订单下的产品均需要按客户的需求进行个性化设计。同时，随着公司由单一制造型企业向集研发、制造、服务于一体的新型制造企业的转变，为用户提供产品全生命周期的全方位服务已经成为公司主要销售战略。轨道交通车辆具有生产周期长、产品价格高、使用寿命长、维护成本大等特点，因此在保障产品基本使用功能的前提下，还需要以客户需求为导向，从前期车辆研发设计、交付后使用方法培训、后续维保服务等各个方面提供完善的解决方案，除此之外，由于公司自动化生产程度越来越高，所投入的机械设备折旧连年增加，这就导致间接费用发生额不断增加。在这种模式下，仅对产品的直接材料、直接人工进行成本归集并不能反映产品的全部成本，还应将与产品服务联系紧密的技术研究部门、售后维保部门等产生的相关费用进行归集，即从产品整个生命周期的角度考虑产品成本。作业成本法基于不同作业动因进行成本归集的核算方式，在间接成本占比不断增加的现状下，可以减少与工时无关的间接费用按工时进行分摊所带来的成本差异。

4.2.1.3 成本管理体系

当前,某公司为财务系统设置了三个职能,一是财务核算,即对公司日常经济业务进行记录和反映,二是全面预算编制,即对公司整体生产经营情况进行预测、分析和考核;三是项目成本管控,即以项目为主体,对每一项目向下所发生的成本费用建立单独的分析考核体系,通过在项目筹备阶段编制预算,项目执行过程中根据项目预算对整个项目的成本进行控制,并根据预先设置的绩效指标按周期分析考核,以此来把控项目成本。财务部作为公司成本控制的主要牵头部门,负责制定项目成本管理的具体方案和考核办法,并行使考核权。同时,由于中车长客公司多年来持续推行精益生产理念和全面质量管理体系,优化成本的理念已经在全集团范围内的到了普遍认识。综合以上,某公司的机构设置和管理理念可以为实施作业成本法提供管理理念推广提供了完备的保障。

4.2.1.4 信息化支持

公司成立伊始便直接采用了与母公司相同的 ERP 软件——SAP 系统。SAP 作为世界领先的信息化管理软件供应商,已经得到了诸多国际知名企业的认可。某公司目前上线了财务会计(FI)、管理会计(CO)、资产管理(AM)、销售与分销(SD)、物料管理(MM)、质量管理(QM)、生产计划(PP)等 10 个模块,具备了将公司各职能板块进行有机串联的信息化支持。公司目前能够实现从项目立项、产品设计、计划排产、成本管控、物资采购、质量管控、销售管理、售后管理、资产管理、财务核算等经营环节全部整合到同一系统中,通过国际化的先进管理理念,有机的对各职能进行管理,可以大幅提升公司的管理质量和管理效率。从这个角度来看,SAP 在系统逻辑和各模块联动方面要优于其他信息系统,它的应用为某公司作业成本法的实施提供了基本的保障措施。

4.2.1.5 可借鉴的实施经验

公司的母公司中车长客公司是中国最大的轨道交通车辆制造企业,其产品涵盖高速动车组、城轨车辆、普通铁路车辆等全部轨道车辆产品。经过几代人的努力,其产品已占据国内市场份额的近一半,并出口到美国、澳大利亚、香港等发达国家和地区以及巴西、阿根廷、埃塞俄比亚等发展中国家,成为中国高端制造业"走出去"的代表。

同时,中车集团意识到企业要想进一步发展壮大,必须提高公司的整体管理水平,以适应国内外市场的快速变化。为了提高产品质量,降低经营成本,提高企业的盈利能力,中车长客从企业管理的需要出发,开始将作业成本法应用于公司的成本核算和管理体系中。实际应用表明,与传统成本核算方法相比,作业成本法在轨道车辆制造业的应用具有优势,具有较强的适用能力,能够真实反映产品成本。

公司作为中车长客公司重要的城轨车辆新制造基地,成立多年来,从母公司的管理成果中汲取了不少经验。因此,母公司作业成本法的应用为某公司提供了实践经验。中车长客公司作为较早实施作业成本法的轨道交通车辆制造企业之一,经过多年的不断优化升级,已经形成了一套较为完善的应用体系。为了设计某公司的成本优化方案，笔者总结了作业成本法在中车的应用。将中车长客公司成本核算体系的建立过程归纳为六个部分，即确定核算对象、确定订单活动、确定作业及作业链、建立工作中心、总结活动动因和产品成本核算。

明确核算对象 → 确定订单活动 → 确定作业及作业链 → 设置工作中心 → 总结作业动因 → 产品成本核算

图 4.1　中车长客公司作业成本法应用过程

（1）明确核算对象

制造铁路车辆的主要成本，包括燃料成本、动力成本、材料成本、人工成本等相关成本。其中，原材料的消耗量非常明显，因此可以将原材料用量与原材料运输平均价格的乘积直接用于成本归集。除直接材料外，其他三种成本均按作业量与作业单位成本的乘积计算。根据不同的作业类型，工作量可以是工时、运距、使用面积等；单位作业成本可以用不同类型的总成本除以总消耗量来计算，也可以根据以往经验设定标准费率。中车长客按照预设的编码逻辑，对与工厂生产直接相关的制造成本、燃料动力、直接人工进行编码，可以方便地区分成本类型，对不同类型的成本采用差异化的分配标准。例如，人工成本可以用工时与单位人工费率的乘积来计算，取暖费可以表示采暖面积与单位面积采暖成本的乘积。

（2）确认订单活动

中车长客的业务活动以订单为基础，与客户签订订单后，按照合同约定的时间节点有序组织生产活动。所有的设计、备料和生产调度计划都以订单为基础。因此，在构建产品成本结构时，首先要确定订单活动。

（3）认定作业及作业链

中车长客公司在自己和订单的生产运营管理系统中，将根据不同地区地铁公司的个性化定制需求设计产品，并且产品之间有很大的差别。在这种情况下，作业的认定应从产品开发阶段开始，对生产过程中的所有工序都要有明确的规定，可分为几个作业，包括采购运输、车体制造、车辆涂装、整车装配、运行试验、车辆交付等环节。简言之，认定作业及作业链需要基于对生产过程的明确划分。

（4）设置工作中心

建立工作中心的核心是满足成本效益匹配原则。所有活动都应分类，一些类似或相关的活动应划分为一个作业中心。其目的是避免由于多次分摊而产生额外的计算费用。中车在设置作业中心的过程中，不仅考虑了地理位置、机型、作业动因等影响因素，还着重考虑了四个方面：一是确保作业中心各项业务的相似性或相关性，并将密切相关的作业作为成本中心，或者将运输等内容相同的作业作为成本中心；二是考虑到公司原有的组织结构，分析按照生产流程设置的原车间，保留可以满足作业成本核算的需要的机构，优化与作业成本核算不相适应的组织设置；三是充分考虑成本效益比原则，作业中心的划分不能太细，为了避免在实施过程中遇到传统成本核算中成本信息不完整的问题，工作中心的划分不应过于广泛；第四，由于公司产品具有个性化的特点，工作中心的划分不能一成不变，而是也可根据订单对车辆设计的变化进行调整。

(5) 确定作业动因

作业成本理论的核心内容之一就是可以把与各种成本关系最密切的因素作为成本分摊的标准，即多样化的成本动因。通过对中车长客公司设立的各运营中心的分析，和通过定性或回归分析，确定对作业成本影响最大的因素是作为作业动因分摊成本。例如，以额定功率和工作时间的乘积作为机械动能成本分摊的分配标准，以每个作业中心的工人人数作为安全生产成本的分配标准。

(6) 计算产品成本

经过以上五个步骤，建立了作业成本核算的基本框架。接下来我们进入成本核算的最后一步计算产品的成本，即每项活动的总成本除以所有活动驱动因素的数量，然后将每个作业中心消耗的作业动因数乘以成本分配率得出应该分摊到该作业中心的成本，再将分摊到各作业中心的各类成本加总计算的出该作业中心发生的成本，最后收集每个活动中心的成本，得到成品成本。

4.2.2 成本核算方法优化设计

以作业成本法的理念为基础，结合中车长客公司的实际应用经验，结合某公司现有工艺流程的实际情况，通过对工艺、生产的调查，对某轨道车辆股份有限公司的成本核算体系进行优化。通过调研工艺、生产、项目管理等部门，根据现有的城轨车辆生产流程，初步界定了作业链，并对作业链的内容进行了分解。结合工艺路线，对作业点进行梳理，形成清单，根据清单分析作业动因，从而对整车制造全过程进行分析。

第一步将生产全过程进行分解，确认作业流程及主要作业项点，并以主要作业项点作为主体，将作业类型相同的工序合并建立作业中心，并依据作业中心设立作业成本库。

接下来，基于作业中心进行成本归集。在此过程中，应合理确定各项活动的主要影响因素。确定经营动机主要有两种方法。一是根据各业务部门的专业经验进行判断，选择最相关的影响因素作为作业动因；二是运用数学方法，通过回归分析以往的数据，计算出各影响因素与相应活动消费的相关系数，选择最相关的因素作为作业动因。

作业动因确定后，根据以下公式计算出成本分配率：

成本分配律＝总作业成本÷作业动因数量

最后，向各目标产品分配成本费用，即：

目标产品分摊的成本＝∑（成本分配率×作业动因数量）

按照母公司中车长客公司的应用经验，我们将实施作业成本核算的具体步骤大致分为认定作业及作业链、建立作业中心、确定作业动因、计算产品成本四个部分。

4.2.2.1 明确作业及作业链

（1）确定工艺流程

SAP 系统中的产品制造 BOM 主要反映产品从原材料经过各种工序流程生产后，最终形成产成品的成本归集过程，即产品成本的树状结构。SAP 系统中的所有制造过程、工艺、采购计划和人员分配都是基于 BOM 结构进行控制的。为了满足基于 SAP 系统的项目成本管理的要求，某公司需要通过 SAP 系统内部搭建的产品制造 BOM 结构来响应产品的所有工艺路线。在搭建产品 BOM 时，各制造中心要先到其下属车间，再到各车间的工作组，对应到相应工艺路线。涂装车间工艺路线如下图所示。

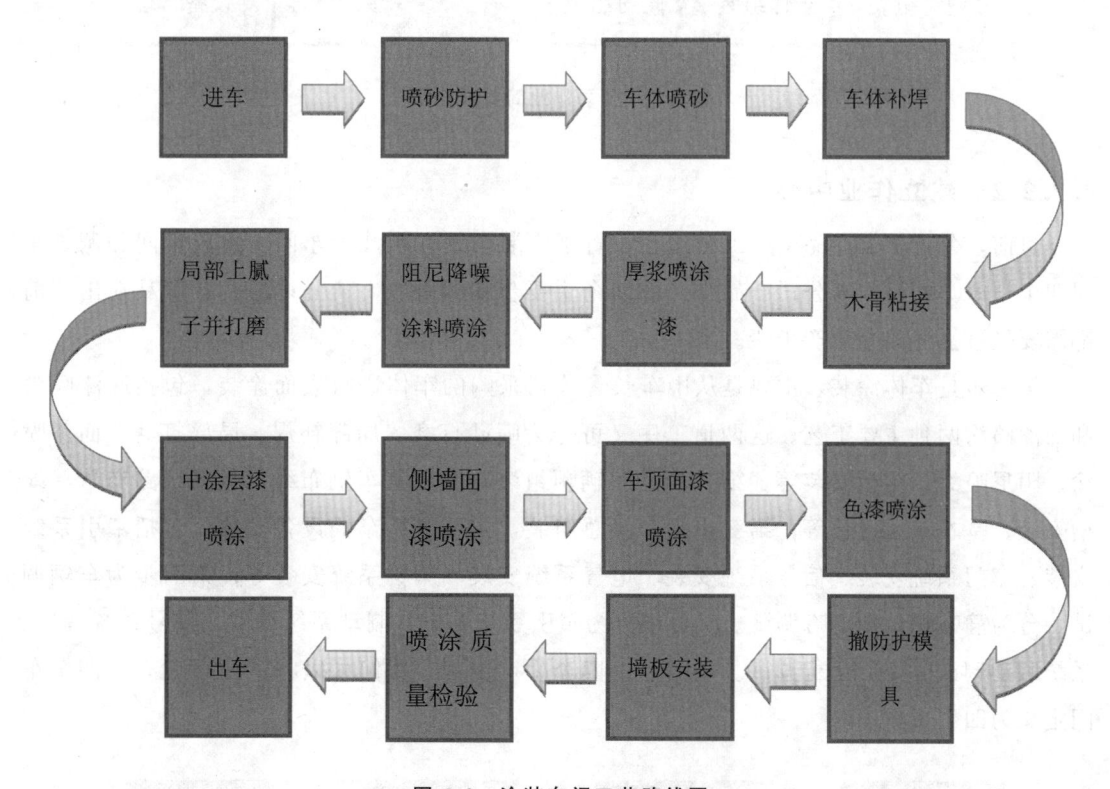

图 4.2 涂装车间工艺路线图

（2）确定作业类型

在作业成本法下，间接成本按不同的作业类型进行分摊，这是成本分摊的基础。某公司根据制造过程中各工序的特点，确定轨道车辆的作业类型。系统根据 SAP 的成本核算逻辑，根据不同的作业类型，按照相应的分配逻辑，自动将作业成本分摊到生产订单上，实现成本归集。根据某公司的实际情况，生产过程中消耗的作业可分为制造型作业和非制造型作业，具体如图 4.3 所示。

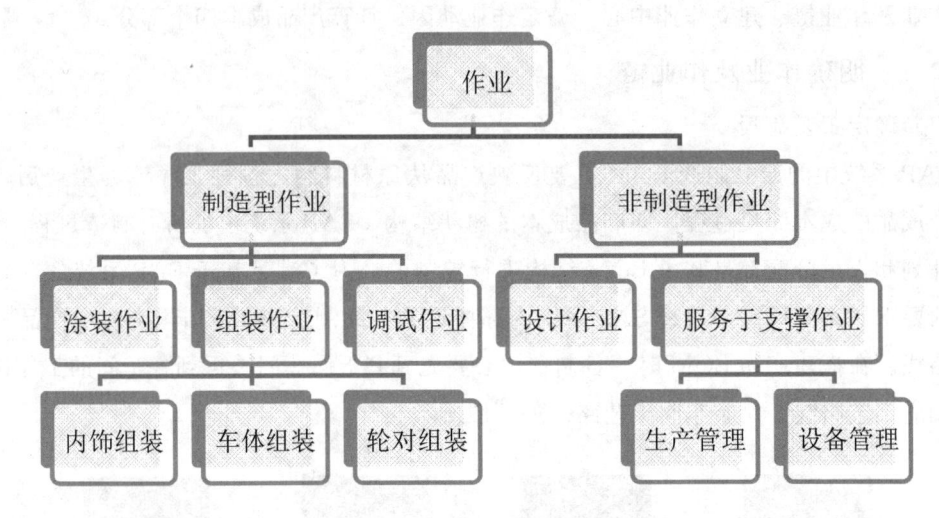

图 4.3 公司作业简要划分图

4.2.2.2 建立作业中心

目前，公司根据产品生产工艺流程设置了涂装车间、预装配车间、总装车间和调试车间四个生产车间。与某公司产品生产的四个主要步骤相对应，某公司的所有产品在出厂前都需要经过上述四个生产步骤。

第一步是车体涂装，主要是从中车长客公司采购的车体进行表面涂装，包括底漆喷涂和面漆喷涂两种主要工艺。这两道工序又可分为喷砂打磨、局部补焊、局部打磨、面漆喷涂、阻尼喷涂、裙板安装等。第二步是车辆预组装，主要是车辆布线，包括线路布置、线槽安装、基本单元连接等；第三步是车辆总组装，主要进行车辆设备安装，包括牵引系统安装、车门系统安装、信号系统安装、电气系统安装、车钩系统安装等；第四步为车辆调试，分为静态调试和动态调试。又可细分为牵引系统调试、制动系统调试、信号系统调试、系统联动调试、工厂运行调试。根据以上四个生产步骤，我们可以将某公司现有的四个车间定义为四个成本中心。

图 4.4 公司成本中心设置

由于城轨车辆生产过程复杂，如果以工序作为最小单位来定义作业中心，则管理成本过高。因此，在为某公司设立运营中心时，考虑成本效益匹配的基本原则，综合考虑不同工序的制造工艺、成本消耗对象的类型、所用设备的类型和位置等因素,对消耗相同资源、具有相同或相似的作业动因的工序划分为同一作业中心。例如,涂装前车身表面预处理所涉及的喷砂、补焊、打磨等工序,由于关联度高,并且使用同一工位,可分为一个作业中心,各种面漆的喷涂需要由自动喷漆室完成。因此,各种面漆的喷涂都可以实现自动化喷漆室作为作业中心。

下面以涂装车间和总装车间为例,详细阐述了某公司成本中心的设置。

(1) 涂装车间喷涂中心

如上文所述,涂装车间主要用于向中车长客公司采购的车体外部喷漆,主要包括表面喷砂、车身补焊、降噪材料喷涂、抛光打磨、面漆喷涂等。其中,与车身表面喷涂相关的工序是作业中心的核心。喷涂工艺是预处理后在车体表面喷涂进行一系列喷涂处理的过程,包括在车体金属表面喷涂附着物,称为底漆喷涂工艺,喷涂底漆后在车体表面喷涂彩色油漆,称为面漆喷涂工艺。在整个涂装过程中,有三个基本要素,即设备(如厚浆喷涂设备、面漆喷涂设备、油漆固化设备、油漆抛光设备等)、涂料(一般包括阻尼涂料、中间漆、底色面漆、彩色面漆等)和遮盖模具。其中,喷涂设备用于在车身上喷涂不同类型的涂料。某公司目前主要有两种喷涂设备,一种是厚浆喷涂设备,主要用于高粘度、有特殊功能的底漆喷涂;另一种是面漆喷涂设备,对完成底漆喷涂的车体根据车身艺术设计方案,进行面漆和色漆喷涂。此外,喷涂作业还需要其他辅助机械,如打磨设备、抛光设备等。具体喷涂工序如图 4.5 所示。

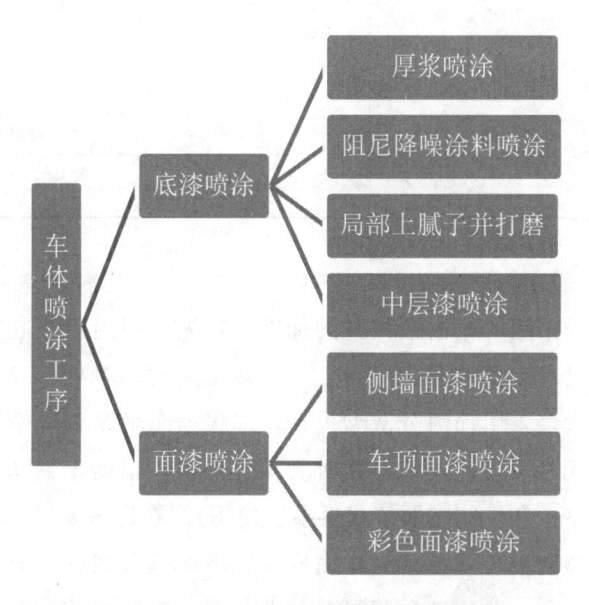

图 4.5 涂装车间车体喷涂工序作业图

为了满足客户对车辆喷涂质量的严格要求,某公司在成立之初就购买了自动喷漆设备。

喷涂作业基本由自动喷漆设备完成，车间人员主要负责设备的操作和维护等辅助工作。因此，喷涂工艺的成本主要由此类大型喷涂设备消耗。根据重要性原则，我们应该把这些大型喷涂设备划分为单独的操作中心。需要注意的是，为了保证自动喷涂设备的正常运行，还有一些设备是用来辅助主要设备的。我们应该把这些辅助设备和主要设备分为同一个作业中心。此外，为了满足成本效益的原则，减少成本分摊的次数，还需要将类似作业类型的作业活动归结为一个作业中心。例如喷砂和打磨作业，由于工艺连贯并且影响工作量的主要因素都是人工工时，因此可以将它们划分为同一个作业中心。在确定作业动因时，要充分考虑和比较影响成本消耗的各种因素，选择一个或多个相关度最大的因素作为某个作业环节的作业动因。我们可以将机械工时、人工工时、油漆消耗量和喷涂次数作为成本分摊的依据。就某公司的目前情况而言，油漆消耗量和喷涂次数直接关系到喷涂设备的工作工时，因此我们选择设备工作工时作为主要的作业动因。下表为喷漆车间喷涂作业中心。

表 4.1 涂装车间喷涂环节作业中心

序号	作业地点	工序	作业中心
1	涂装车间	喷涂车间	原浆喷涂设备
2			油漆喷涂设备
3			漆面固化加速设备
4			打磨机
5			抛光机
6			漆面检验设备
……			……

（2）总组装中心

公司装配线的设计采用了业内最先进的标准。首先，利用门式起重机将完成涂装的车体吊至离地 1.6 米并设有沟槽的装配平台上，实现工人对车辆内、车下、转向架的同时组装。目前，城轨车辆大多采用动力分散型设计，即根据车辆是否有牵引模块，可分为带牵引模块的电动车组和无牵引模块的拖车两种类型。同时，根据车辆功能的不同，可分为第一节车厢（包括司机室）和中间车厢（仅供乘客使用）。在进入总装车间之前，车辆需要完成预组装过程，在车体内安装基础单元，完成车辆下的基础线的布置，完成预装配流程的车辆才可以开始总装流程。总组装过程可分为两部分：车内组装和转向架组装。车内组装是指车内重要部件的安装，包括车门系统安装、空调系统安装、车内地板铺装、座椅扶手安装等。转向架安装是指将中车长客公司采购的转向架安装到车体上的过程，主要包括转向架与车体总成、线缆连接、牵引变流系统总成、制动系统总成、冷却管总成、转向架护板安装等。

公司在划分总组装车间作业中心时,需要考虑工艺特点、制造工艺组织设置、人员配置等因素。作业中心可分为四种类型:动车装配、拖车装配、头车装配和中间车装配。对于生产过程中的核心工序,也可以看作是一个独立的作业中心。另外,由于总组装车间采用"人动车不动"的流水线组装模式,车间人员的工作具有很强的连贯性,后续工序必须在完成上道工序的基础上进行。因此,负责每个过程的团队在连接前面和后面的过程中起着关键作用。同时,由于这种生产方式,每团队都离不开整体的独立运作,而是需要齐心协力。因此,某公司在划分作业中心时,应考虑将作业内容相似、联系各道工序的通用型作业划分为独立的作业中心。这种划分方法在保证成本核算效率的前提下,能够满足成本核算精度的要求,有助于优化车间现有组织结构,提高各班组的管理效率。具体操作中心如下表所示。

表 4.2 装配车间总装工序作业中心

序号	作业地点	工序	作业中心
1	装配车间	总组装工序	车辆牵引作业
2			头车组装作业
3			中间车组装作业
4			动车组装作业
5			拖车组装作业
6			牵引系统组装作业
7			转向架组装作业
……			……

4.2.2.3 确定作业动因

作业成本法与传统成本核算方法相比的一个优点是采用多种分摊因素作为分摊标准,即根据每个作业中心进行成本分配,不仅以工作时间为分配标准,同时综合考虑各作业中心所承担工序的特点,选择对作业成本绝对值影响最大的因素作为分配标准,即作业动因。如冬季按车间实际使用面积作为采暖费用的分摊标准,以各车间生产管理人员人数作为生产车间产生的办公费用的分摊标准。同时,我们优化了一些与工作时间相关的部分成本,比如电费的分摊。由于各设备额定功率不同,按工作时间单独分摊不能真实反映实际用电量情况。采用以工时为基础结合设备功率,以工时与功率的乘积作为分摊率的计算依据,可以更准确地反映响应的实际成本。

表 4.3 作业动因表

序号	项目	分摊因素参考
1	辅助人员工资	资产原值/工序复杂程度/工时
2	折旧费	设备原值/机器工时
3	维修费	维修保养周期/人工工时
4	取暖费	占地面积
5	电费	额定功率/机器工时
6	办公费	人数
7	安全生产费	人数/工作危险系数
8	工具费	人数/工作危险系数
……	……	……

4.2.2.4 计算产品成本

上述步骤完成后，作业成本法实施的准备工作已经完成，具备了实际应用的条件，可以进行成本核算的最后一步出去。

首先，我们应该在 SAP 系统中，根据作业类型和作业动因之间的对应关系，设计了间接成本分摊模型。然后，根据某类成本在当期的实际金额除以相应成本的作业动因，得到作业成本分摊率，再将产品消耗的作业动因数乘以分配率得到成品分摊的间接成本。最后，将订单内归集的直接材料成本与计算得出的应分摊的间接费用，计算出产品的最终成本。

通过以上步骤，优化后的成本核算体系基本完成。从理论上讲，与原成本核算方法相比，优化后的核算体系具有成本归集更合理，更贴近各工序实际成本的优点，为后续成本控制提供了一条途径，促进了产融一体化，可以进一步提高目标成本评估体系。

4.3 轨道车辆 A 项目成本管理现状分析

轨道车辆 A 项目是本公司的国外重点项目，该项目成本管理的问题即是轨道车辆有限公司项目管理的问题。虽然该公司引进了精益管理的先进管理理念，项目管理上取得了显著提升，但是该公司部门繁多，生产线固化，项目交付周期短，导致该公司在 A 项目成本管理实施过程中依然存在诸多问题。对该公司 A 项目的管理现状以及问题进行分析，是提出 A 轨道车辆项目成本管理优化方案以及实施策略的前提条件。

4.3.1 A 轨道车辆项目

4.3.1.1 A 轨道车辆项目简介

2015年11月，轨道车辆公司与某企业签订A轨道车辆项目采购合同。12月公司顺利收到合同项下的信用证，这标志着该项目正式启动。

A轨道车辆项目涵盖76辆25T型软座车及35辆25T型硬卧车和22辆25T型发电车，交货期为2016年7月FOB上海港交货。A轨道项目的三种车型产品均属于中国铁路25T型客车，该种类车型吸收近几年的生产研究经验，车体参数同25型客车，采用DC600V集中供电、车顶单元空调、真空集便装置。设视频服务系统，每个卧铺设一台液晶电视。设PLC无主网络监控系统，实现全自动监控。采用气动电控塞拉门、电动内端单开拉门和手动双开外端拉门，车下内侧安装裙板。端墙、顶板采用模块化组装。

4.3.1.2 A 轨道车辆项目成本管理目标

A轨道项目是一个短平快的项目，产品结构成熟，生产线无需新增大量新型设备工装，在原有基础上稍作改动和维修后即可投入生产。该项目存在的最大两个难点在于：

（1）该项目所涵盖产品车型较多，不同车型给生产线安排、制造过程切换带来难度，且从合同签订到交付仅有8个月时间，中间还包括XX轨道车辆制造企业与业主沟通，对现有设计需进行更改变更的时间，交货期太短；

（2）该项目虽是XX轨道车辆制造企业开拓国际市场取得的又一喜人业绩，但该公司为打开国际市场，以较低的利润进行招标，结合交货周期短，各种零部件供料需进行加急生产，若项目成本管理不好，极易造成项目亏损。

项目管理战略规划的制定是企业实行项目管理的重要保障和指向标，可以为组织的所有管理者提出一套完整、全面、科学具有前瞻性的战略目标，同时能积极的调动各个部门参与到企业战略的制定和实施中来，实现项目全员参与。项目战略规划的能力建设对于企业战略的快速有效的实施起到了支撑作用，最终促使企业能够准确快速的实施战略部署顺利的实施企业的项目管理工作，从而促进企业高效率的完成项目活动，为企业带来可观的利润。该项目成本管理的目标是在满足客户多样化需求的情况下，降低原材料及人工工时成本、提高公司项目成本管理的能力、合理科学的利用现有资源提高生产效率、缩短项目周期，提交符合消费者需求的产品，准时交付项目。从而达到在复杂环境下实现提高公司管理能力及快速应变能力，降低公司成本，增加企业利润，提高产品竞争力。

4.3.2 A 轨道车辆项目成本管理的问题

4.3.2.1 A 轨道车辆项目管理体系问题

A轨道车辆项目成本管理的问题一部分是XX轨道车辆有限公司项目管理的问题，深入 XX 轨道车辆有限公司进行调研，发现随着公司项目量不断的增多之后，工作的任务量变大，项目管理将会涉及到职能部门越来越广，基本涉及到了所有的职能部门，公司现今存在的职能型项目组织结构在面对越来越快、越来越多的项目时逐渐开始暴露出很多的问题，主要体现为：

(1) 项目经理的权限较小

经验丰富的企业管理者需拥有许多技能，其中制定项目长期及短期目标是非常重要的一项。现存的职能型组织架构使得项目经理的权限较小、能力受限，很多的时候在项目中只起协调作用，因此项目经理就算制定了长、短期目标，但无法有效的带领团队，高效地推进项目进行，项目经理在项目团队中的领导力就被大大削弱。

(2) 各部门接口关系界定不清

清晰的项目管理流程是项目管理工作是否能够顺利开展的前提。随着公司的业务逐步扩大，以前的业务流程已满足不了现在发展的需要。公司需要进行业务流程再造，将以职能为核心的方式改为以流程为核心的经营方式。目前公司处于快速发展阶段，项目管理流程界定不明确，公司内部的业务衔接还不够紧密，造成管理成本提高。在项目实际执行过程中，流程的不清楚造成了项目参与者对各部门之间的接口关系也不明确，出现问题的时候找不到相应的接口，以至不能及时、有效的协调内外部资源。

(3) 项目成员团队意识不高

在项目推进的过程中，项目成员具有各自的职能分工，自己只对自身专业的领域比较的在行，但是对于那些超过自己工作领域的知识知道的甚少，造成成员之间有时候会存在项目组成员内部发生分歧的情况，而由于公司采用职能型组织架构，因此时常需要各职能部门管理层面进行协调，导致发现问题、反应的时间以及解决时间大大加长，在一定的程度上影响了项目的推进进度以及生产效率。

(4) 职能部门应急能力低

职能部门为了完成自己的工作任务，只履行自己的主要职责，忽略以客户和项目任务为重点，往往只追求职能工作标的实现，不计项目目标的实现。由于部门之间的沟通不畅，当项目管理出现问题时，职能部门常常会出现推卸责任的情况，很少与其他的职能部门进行团队合作解决问题，处理问题和应急的能力都降低。

(5) 缺乏阶段性成本控制分析

公司成本控制主要采用跟踪法，通过市场部、生产部、项目部等部门共同讨论，由财务部下达预算指标，然后分解到各职能部门的各个级别。成本控制方法比较单一，没有形成完整的成本控制体系，在项目执行的过程中无法计算实际发生成本与预期成本的差别。发生成本变更事故时，只能通过工艺人员或项目管理人员协调来解决，缺乏阶段性成本发生的统计、比较、分析与评价。

4.3.2.2　A 轨道车辆项目实施过程成本管理问题

项目管理是如何将现有的知识、技能、工具和技术应用于项目各项工作之中，以满足或超出项目利益相关者对项目的要求和期待。项目成本管理是保证项目生产计划和质量要求的前提下，利用各项措施将成本控制在计划范围内，并寻求成本最低的活动总称。通过对 A 轨道车辆不同车型首辆车的试制跟踪及分析，统计出该项目在生产制造过程中出现的浪费形式有如下几种：

（1）流程无序

生产流程及生产模式设计不完善，节拍及工序分割不合理，作业流程过多、过长、重复或强度过剩等造成的浪费。主要表现有动作、等待、材料的浪费，设备工装的折旧成本增加，交付周期增加等。

（2）原材料浪费

产品设计定型后，制定材料消耗定额是材料消耗的第一个关口，制动的不合理导致材料利用率低下，没有根据实际生产状况的更改而做出相应的改动，导致最后统计只有最初的路线和定额。主要表现为直接消耗材料及辅助消耗材料的定额不合理，尤其辅助材料没有经过科学计算，技术人员及定额员未能与现场工人等保持沟通，没有做好清理等工作，导致所开定额与实际情况不符，造成浪费。

（3）等待

等待就是闲着没事做，等待下一个动作的来临，这种浪费是毋庸置疑的，主要表现为工艺工作本身的数据、结果、信息、资源的等待等管理中的浪费；作业不平衡，流程、节拍设计不合理，安排作业不当、待料，加工方法不合理造成品质不良的等待等。

（4）搬运

流程中因两点间距离远，而造成的搬运、走动等的浪费，包括人和机器，如物流的损失，时间的损失，动作的损失，劳动强度增加，效率降低，沟通周期增加，甚至供应脱节导致节拍紊乱。主要表现为无流线生产的观念，导致放置、堆积、移动、整理等过多传递动作的浪费，如人的走动，搬运，机器的运输、设备空转、仓库物流的混乱等。

（5）过度加工

设计加工工序中增加不必要的产品特性或功能，与生产进度和产品质量没有任何关系的加工当作是必要的加工而进行操作以及加工不当会导致后面工作量的增加，成本的上升。主要表现为工艺师因欠缺经验和科学性，对产品进行不必要的高精度要求等，增加工序活对产品制造过程中添加不必要的功能，即锦上添花，导致加工、搬运的浪费，甚至报废。

（6）库存

由于前后工序产能不均衡，活不同步生产而产生的原材料、零部件以及各道工序半成品过多的库存所造成的浪费。主要表现为产品无效的搬运、放置、堆积、寻找、防护处理等浪费，占用厂房空间，造成仓库多余建设投资，运输及物流成本的增加。

（7）缺陷、不良返工

工序生产未对按照标准进行作业，管理不严密、松懈导致来料或者制造不良造成的各种损失，信息或数据的不准确，产品设计信息失真，输出信息不准，数据错误等，造成额外的成本支出。主要表现是造成材料、机器、人工、返工以及后序的等待，以及生产这些不合格品资源浪费，甚至导致质量的不稳定，客户的抱怨、退换等。

（8）动作不规范

生产动作不规范，作业时调整位置、翻转产品、取放工具物料等不产生附加值、不合理的动作浪费。主要表现为动作不简练，造成时间等待、增加不必要的工时、易损伤产品、强度增加、效率低下等后果。

（9）工装缺陷

工装的设计规划、选配不够细致，工装结构与产品结构的吻合性不够，工装设计调整不便，适用产品比较单一，过去的经验教训流失，相似等不合理问题重复发生等浪费，造成维修成本增加。主要表现为方案设计中合理规划工装设计，工装针对性强、延续性差，本批次产品结束后造成长期等待甚至报废，工装设计局部不合理等造成多次重复修改。

对以上浪费现象进行分析可以得出，该项目在后续批量生产时急需解决以下问题：

①原材料定额，包括原材料直接消耗定额及辅助消耗定额，需进行重新统计计算，下发与实际生产相结合的材料定额BOM，并对应到每个生产工位；

②依据现有的工装设备，参照试制项目的工位工时写实表，对各工位工序进行重新划分切割，优化各工序工时定额；

③依据重新划分工位工序设计新的生产工艺路线，合理利用现有的资源，均衡各工位生产节拍，达到生产线流水化作业。

4.3 轨道车辆A项目成本管理的优化

A项目成本主要有四个构成部分：项目决策工作成本；设计成本；采购成本；实施成本。项目成本管理中所说的项目成本，就是指项目占用和消耗资源的价格总和，公司降低成本的关键在于对项目成本的管理和控制。在项目成本的上述构成中，实施成本占绝大部分（通常大于90%）。综上所述A轨道车辆项目成本管理优化，重点是对实施成本的计划与控制。在项目实施过程中，从原材料定额及人工工时定额成本控制开始，加强定额管理，完善定额标准；同时以项目为依托，通过分析产品及厂房结构，优化厂房布局，均衡生产工序，实现生产线的流水化作业，消除各道工序内部及各道工序之间的停滞浪费，来降低材料、人工、生产线的成本费用，实现资源的合理配置，达到节约成本的目的。即从"原材料定额、工时定额、资源配置"三个环节考虑，才能深入推进降本增效工作，实现生产经营目标。下图 4.7 所示 A 轨道车辆的成本管理需要考虑的三个主要优化环节。

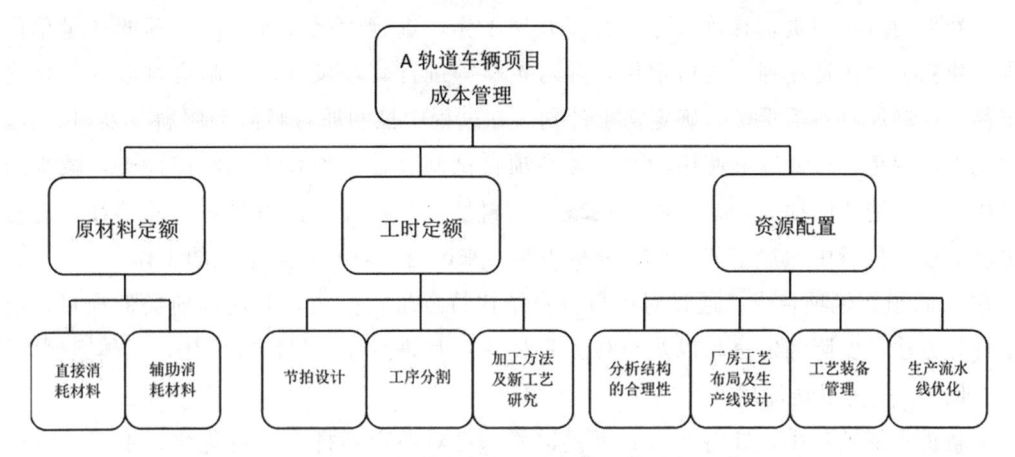

图 4.7 A 轨道车辆项目成本管理的优化环节

4.3.1 原材料定额成本管理优化

原材料是指用于产品生产并构成产品实体的生产物料，包括直接消耗材料及辅助材料。原材料在单位产品成本中约占 60%～70%的比重。制定原材料定额，主要就是为了利用定额这个经济杠杆，对物资消耗进行控制和监督，达到降低物耗和工程成本的目的。原材料定额，是在公司特定生产条件下，制造单件产品（或零件）所必须消耗的原材料数量。一旦产品设计定型，开始批量加工生产，产品的材料消耗就相对固定并形成定额消耗。在投料实际生产整个过程须进行实测分析，做好统计，根据实际需要本着节约成本的原则制定或者修改材料定额消耗明细表。

编制原材料消耗定额，应在保证工艺要求及产品质量的前提条件下，考虑材料使用的经济合理性，最大限度地降低材料消耗，提高材料利用率。编制材料消耗的依据有：产品零件明细表和产品图样等设计输出文件、工艺规程和下料手册等。原材料工艺定额的编制方法有：

（1）科学计算法：根据产品零件结构和工艺规程、材料等工艺要求，用科学方法计算零件的净重，以及制造过程中的材料损耗；

（2）实地测量法：在作业现场对生产零件的材料定额进行称重测量；

（3）经验统计法：根据收集到的类似零件材料消耗定额资料，通过分析对比，确定原材料定额；

（4）行业比较法：与行业对手的同类零件材料等额对比分析，以其先进水平的定额确定原材料消耗定额。

4.3.1.1 规范直接消耗材料的定额

在 A 轨道车辆项目中我们通过了解生产成本总体控制目标，分解出原材料成本控制目标，明确部门分工职责，有效统筹，有序开展工作，进行优化设计，以合理的计量单位为基础，建立材料优选序列、规格定尺，并对板材等进行套裁设计，来制定科学的原材料消耗定额，控制原材料需求量，确定需求计划。在过程中控制原材料限额领料、发料、补料，并制定作业规范，按照定额使用原材料，在项目试制过程中加强工艺纪律检查，减少因作业品质问题而造成的损失，结合收集的现场物料反馈，统计分析原材料实际消耗，进行定额更改，项目执行中通过定期总结，分析不足，来改善原材料消耗定额的工作。

在 A 轨道车辆项目中，通过对项目自身结构特点进行分析，对比以前类似项目，通过科学计算方法，实际测定法，以及经验法等对 A 项目进行原材料定额优化，具体案例如下：

案例1，板材下料优化：

A 轨道车辆项目中，针对 2 mm 耐候钢板，可对小弯梁排料进行优化。由于小弯梁是板材下料冲裁，按照每张板材 2 mm×1250 mm×2500 mm 规格，以前的其他项目中排料简图如下图 4.8 所示，在 A 轨道车辆项目中经过试验，发现板材纵向的延展性能也能满足小弯梁压型过程的要求，则 A 轨道车辆项目小弯梁的排料简图优化后如图 4.9 所示。

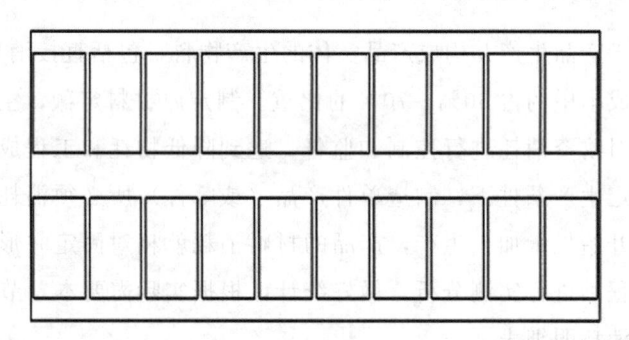

图 4.8 原下料图

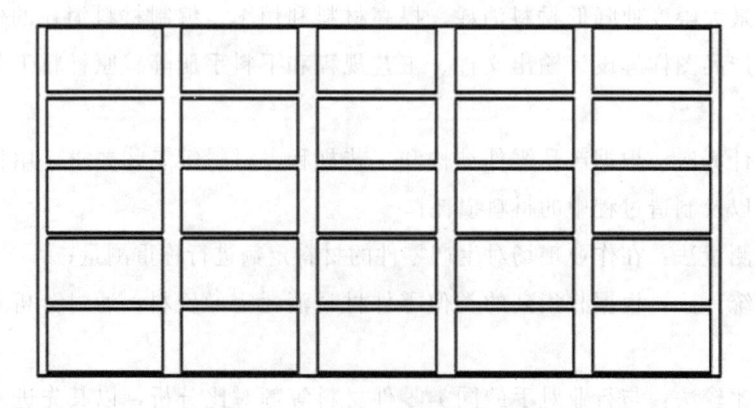

图 4.9 A 轨道车辆项目下料图

在原排料图的基础上,每张规格板能多下 5 个小弯梁,提高的材料利用率。达到了降本增效的目的。

案例 2,侧墙钢结构墙板优化:

在 A 轨道车辆项目中,侧墙钢结构是由侧墙板及侧墙骨架组焊而成,其中侧墙板原材料占侧墙钢结构的主要部分,侧墙板如图 4.10 所示:

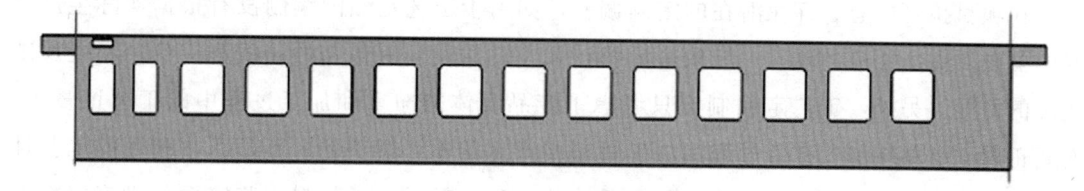

图 4.10 原侧墙板

侧墙板大小为 2.5 mm×2464 mm×25200 mm 的耐候钢板,在侧墙两侧(图中红线以外)是轨道车辆侧门所在位置,大小为 870 mm×2100 mm。在传统的组装工艺中,侧墙板由 21 块 2.5 mm×1230 mm×2464 mm 拼焊而成,在与骨架组焊后,将两侧的侧门所在位置墙板进行切除,造成两侧钢板板材浪费,通过现场调研,分析墙板结构,对传统组装工艺进行改善,将侧墙钢结构优化为以下结构,如图 4.11 所示:

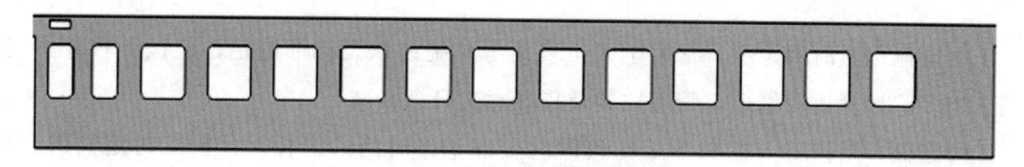

图 4.11 优化后侧墙钢结构

优化后,原侧墙钢结构门框上部门头板,改为单独的定额,在侧墙与门框组装后,再与侧墙及门框组装。优化结构成功将侧墙板有效规格缩短。

侧墙板节省成本计算如下:

单侧侧墙节约钢板长度:25200 mm−23460 mm=1740 mm

单车节约钢板大小:

V=2.5 mm×2464 mm×1740 mm×2 侧=21436800 mm^3=21436.8 cm^3

单车节约钢板重量:M=ρ×V=7.86 g/cm^3×21436.8 cm^3=168493.248 g≈168.49 kg

单车侧墙节约钢板成本:W=168.49 kg×2.8 元/kg≈471.78 元

在 A 轨道车辆项目中,可将此方法推广至后续 130 辆,共可节约成本=471.78 元×130 辆=6.13 万元

4.3.1.2 规范辅助消耗材料的定额

辅助原材料是服务于产品及其工艺过程所需的材料,主要是指消耗性材料,如油漆、

焊材、胶带等。辅助原材料的优化在原材料优化中同样具有重要作用

案例3，辅助耗材优化：

采用基于经验计算的成本管理方法，通过与同行业其他项目进行对比，并总结以往其他类似项目的定额消耗情况，制定了A轨道车辆项目可控件耗材降本清单。

如上表所述，A轨道车辆项目平均每车降低成本545.75元。

在项目执行中总会存在潜在的定额偏差，如由于工艺定额的编制没有根据实际生产状况的更改而做出相应的改动，导致最后统计成本的时候只有最初的路线和定额，不能反映实际的情况。另外，工艺定额制定只考虑了产品实体的净重和加工过程中的工艺留量等，而真正属于材料在加工准备过程和加工过程中产生的不可避免的、不可回收利用的工艺性损耗的部分并未包括进去，但这部分未反映的合理消耗量占了物料工艺定额与供应定额差异中相当大的比例。因此工艺定额的经济性和供应定额的科学性有待于进一步完善。同时，由于产品设计结构改进、工艺方法修改、原材料或毛坯的改变、设备或工艺装备的改变、生产组织形式的改变、生产条件的改变等等，都需要对定额进行修订，在保证质量的情况下，为公司降本增效奠定坚实的基础。但是过去原材料定额、存储过程及物流配送混乱，对材料消耗定额无法进行有效管控，导致原材料成本的增加，所以需要优化。

4.3.2 工时定额成本管理优化

工时定额也叫时间定额，常用于人工费用考核统计以及标准制定，但该种核算方式人为因素较多，计算比较繁琐，管理控制及指导意义日渐衰减。

工时定额，是指工人在一个工作班内的全部工作时间的消耗。分析工时定额的目的，是为了确定哪些人工作业是必要的，应列入工时定额之内，哪些人工作业是无效，应当予以减少及控制，乃至消除，在此基础上制定出先进合理的劳动定额。通过工艺优化，提高生产效率，提高产品合格率，合理安排人员，降低工人劳动强度，降低工时定额。

降低工时定额可以通过节拍设计，工序分割，加工方法及新工艺研究进行优化管理。

4.3.2.1 节拍设计

节拍时间即作业速度，是指生产单个产品或工序所需要花费的时间，须结合工艺路线和现有技术水平合理制定。有效的生产就是要使各道工序的时间接近，与节拍时间相统一，实现生产线均衡化生产，减少浪费，降低成本。

节拍时间的表示方法：节拍时间＝1天的工作时间÷1天的需求量。可以看出节拍时间是由需求量所决定的，与生产车间产能关系不大。

节拍时间就是以满足生产计划的需求为基础。例如，按理论计算如果生产计划每天确定的产品数量是400个，一个生产台位，则每个台位承担400个产品，生产周期是1天，那么台位的生产节拍就是49.9 s。

生产计划需求的产品为：每天 400 个，1 天的工作时间为 8 个小时，求实际可以工作的时间：

实际工作时间＝（计划作业时间－计划作业外的时间）×工作率

336 分＝（8 小时×60 分－1 小时×60 分）×0.8

求生产数量：生产数量＝生产计划数量÷（1－产品不合格率）

404＝400÷（1－0.01）

求节拍时间：节拍时间＝实际可工作时间÷生产数量

49.9 s＝336 分×60 秒÷404 个

节拍设计须根据产品的结构特点将其作业过程划至各个工位，来求得在最短的时间内、利用有限的工位、装备和人员，实现产能最大、用工最少、成本最低、利润最高的目标。节拍设计实际上就是确定及划分工序，它是设计工艺生产流程的前提条件，只有通过确定节拍时间，才能对工序进行合理的划分、切割，或者对现有的工序进行优化调整，形成流水线作业，减少和避免因工序划分不合理导致的人员等待、物料过度搬运等无效作业，从而达到节约人员工时成本的目的。节拍设计对工序的有效划分、人工工时的制定以及合理利用公司资源，保证产品质量，提高劳动生产率和促进生产管理都有起着及其重要的作用。

4.3.2.2　工序分割

工序分割是指：通过对设计图纸分析，结合公司现有工装设备及整体规范要求，根据生产计划，进行节拍设计，以此节拍时间为基准，确定完成工作情况下各工位人员的作业量，即进行工序分割。

工序分析的对象大致为"人"、"物"、"机械"，如下图 4.12 所示，如果说作业时间，并不是指人作业的时间，而是指材料被加工的时间。工序分割总是以瓶颈工序为最初改善对象的。如下图 4.13 所示：

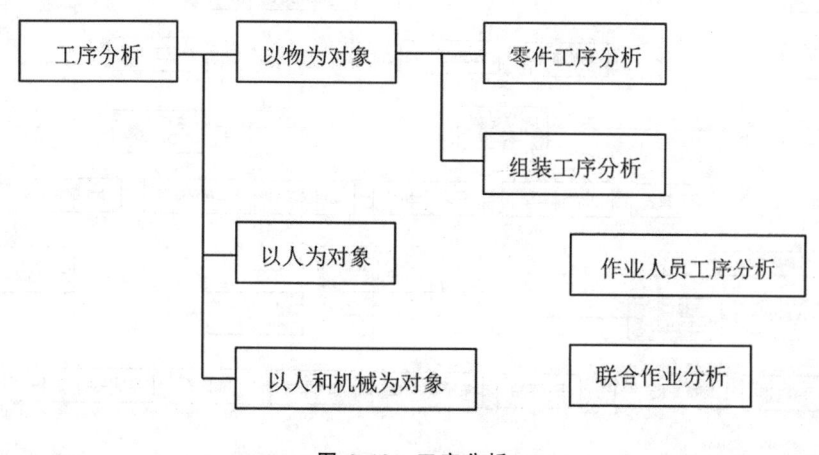

图 4.12　工序分析

①瓶颈工序为最初的改善对象 ②把工序 2 分配给 1、4、5 工序后，工序 3 部分工序分配给 5，平衡了工序节拍。

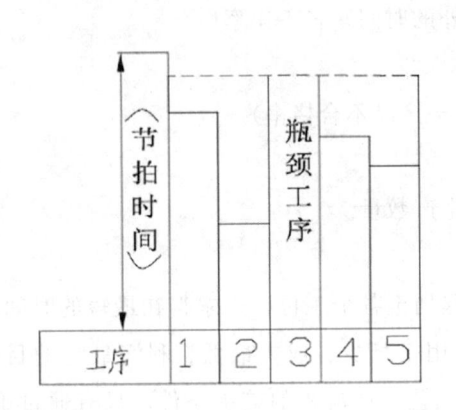

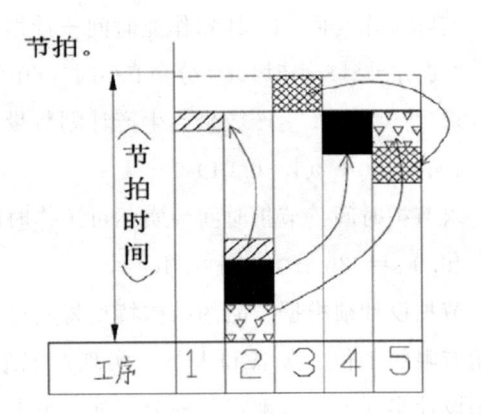

图 4.13 工序分割

案例 4，车体钢结构车间组装工序优化

A 轨道车辆项目，按照车体制造、涂装、组装、调试这个流程来进行生产，其中车体钢结构制造是整个车辆的基础。车体按其大部件可以分为侧墙、顶板、底架、端墙四个大部件，每个大部件组装工序及车体组装流程如下图 4.14 所示：

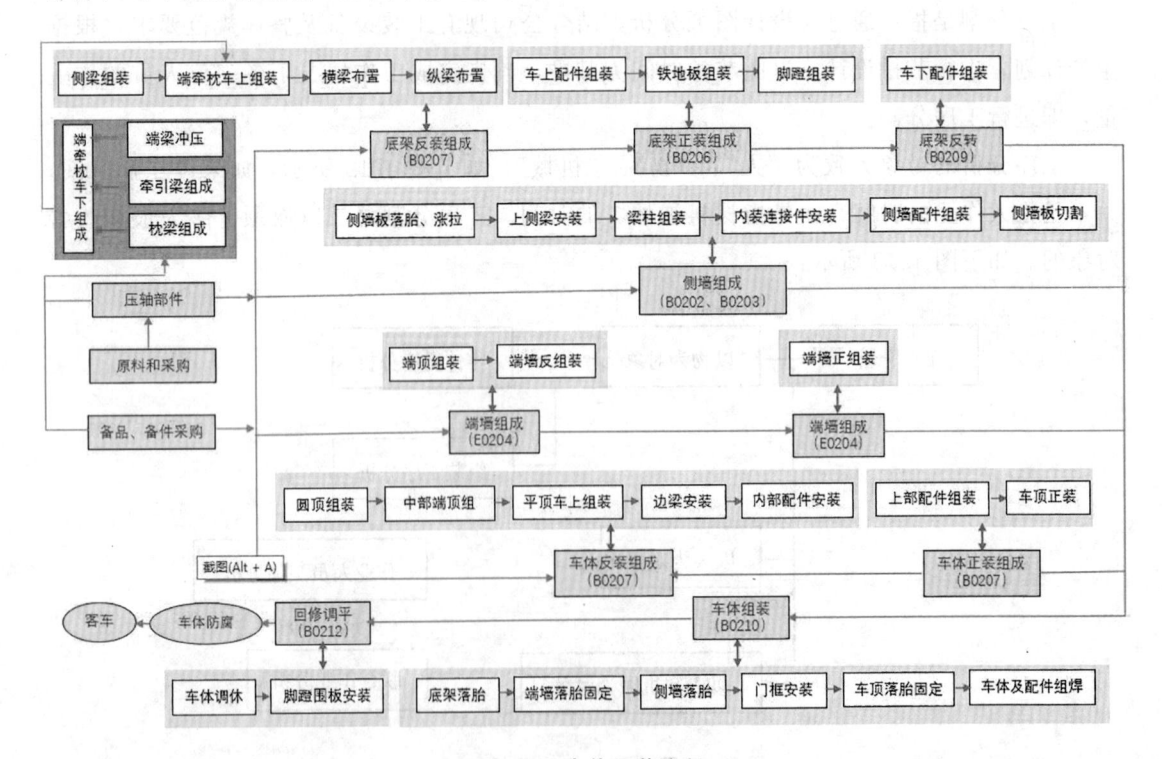

图 4.14 车体组装流程

图中每个长方形小黄块为一个工位，由图可知，在原材料及各备品备件准备完善后，图中每个工位需以同样的节拍进行组装生产，任何一个工位出现生产异常，都会影响生产节拍，均会影响车体制造时间。经现场调研发现，除车顶反装工位需要 4 个小时 35 分钟外，其余工位工作节拍时间均非常接近 4 个小时。车顶反装工位作为瓶颈工位，影响了整个车体钢结构的生产。将车顶反装工位的作业流程继续细化到 12 个具体工序，其中顶板起胎后，吊运至工位其余位置进行翻转，该工位的后工序准备工作可同时开展，顶板起胎翻转作业时间可不算在该工位作业时间之内。采用工序推移图作为工具对每个工序的作业时间进行统计。

对比其他项目的先进组装经验，对中顶板组装工艺进行优化，采用 1500 mm 规格压蚂蚱腿中顶板，并对中顶板平顶模块化预组装，结合生产车间等离子缝焊工位的设备产能以及车间的大型物料运输能力，并考虑中顶板铺放时定位调整的难易程度，将带蚂蚱腿中顶板之间的平板中顶板进行预先组焊好，然后再进行车顶组装，在铺装中顶板并弹线工序长焊缝成功减少到 10 道，改善后，此工序生产时间降低到 35 分钟，如此车顶反装工位作业时间减少到 4 个小时零 5 分钟，车体其他工位组装时间近乎一致，成功提升了整个车间的工作效率及产能，为该项目节省了成本，同时保证了项目进度。

4.3.2.3 加工方法及新工艺研究

在生产线工艺规划时，需考虑工序无法切割或场地受限等因素，导致节拍时间无法满足生产需求的情况，需提前对该工序加工方法及新工艺进行研究，解决瓶颈问题，提高工序生产效率。工艺规划时必须在分析评价现有工艺水平的基础上，与国内外、行业内先进企业相比较，找出技术差距，通过设计精益制造工艺，选用合适的工艺方法，同时在现有工艺方法的基础上，研究新的工艺，来缩短加工工时、提高产品质量及劳动生产率、降低成本、改善环境污染以及减轻笨重体力劳动等，使加工及组装的工艺得到提升，是降低公司生产制造成本的根本途径。

案例 5，改善碳钢车牵引梁单片焊接方法：

改善前的状态：碳钢车车原先牵引梁单片组焊工艺为手工焊，焊接质量由作业人员手法控制，不稳定因素较多，在实际生产中对于所规定的焊接参数经常不稳定，因此焊接质量无法保障。同时在手工焊接后经常出现气孔，焊高不够，咬边等焊接缺陷，不但增加了产品的返工率，同时增加了作业人员的工作强度。严重影响该工序生产节拍。

改善后的状态：通过引进牵引梁单片埋弧组焊胎，制定新工艺，实现焊接自动化，焊接质量有了明显的提高，不合格率降低，减少了不良返工现象，降低了劳动强度，大大提高生产效率，保证了整个生产线的节拍工时。

在以往项目中，各工位生产产品固定，工序固化，分割极不合理，同一条生产线，部分工位作业时间大大超出其他工位，导致生产线整体等待，人员工时成本浪费严重。在 A

轨道车辆项目中，通过对工位进行工时写实，绘制工序推移图，发现瓶颈工序，对工序进行优化分割，或引进新的加工方法采用新工艺，提高工位生产效率，均衡各工位生产节拍，形成统一节拍时间，实现生产线流水化作业，减少了等待及搬运时间，降低了人工工时成本。

4.3.3 资源配置的优化

企业为提高自身产品竞争力，改善工艺条件而进行厂房布局优化、资源合理配置，尽可能的避免基础设施建设和重复购置相同装备，同时准确找出薄弱环节，对生产瓶颈等关键点进行重点投入和提升。对厂房及生产线的进行合理布局，以项目为契机，合理安排工艺路线和工艺装备，进行优化布局，实现流水生产线，减少资源浪费，降低公司成本。

4.3.3.1 分析结构的合理性

在A轨道车辆项目中，要求在项目前期中须充分分析产品结构合理性，尤其是对产品设计中的工艺性审查，待产品投入生产后，降低成本的潜力并不太大，为了最大限度的压缩成本，技术人员早期的参与非常重要，因为一旦产品设计定型，技术状态冻结，设计不允许更改，工艺也就不敢再改，即使设计进行更改也会造成成本的大幅上升，故在产品结构合理性审查时技术人员需结合公司现有工装设备水平，在满足使用功能的前提下，应符合一定的工艺性指标要求，求得产品设计合理、便于加工、组装、使用、维修、工艺可行及成本低，考虑满足设计技术指标要求而对结构合理性进行分析，并提出优化建议。

4.3.3.2 厂房工艺布局及工艺路线设计

厂房布局要依托公司生产特点、生产纲领及战略定位，将精益理念应用到厂房布局设计阶段，即按零部件生产要求构成生产线，并确定工装设备种类、规格型号、数量等，进行工装设备的位置配置规划，达到流水线生产目的，形成相互衔接的生产线，以保证物流畅通、物流活动流程时间短和物流费用消耗低。

在A轨道车辆项目中，由于项目短而快的特点，无法对现有的厂房布局进行大的改动，但是仍然可以利用现有的工厂设计，制定合适的工艺路线。工艺路线的设计是设计工艺规程的关键，对保证产品质量，提高劳动生产率从而降低生产成本具有举足轻重的作用。设计工艺路线时，要依据产品方案所确定的原则，同时考虑外协加工的可能性，选择最合理、最经济的工艺路线，并在实际生产过程中不断发现瓶颈工序进行持续改善，以最优的加工或组装路线赢得最低成本。如碳钢车体钢结构顶板工序为车体钢结构总成的瓶颈工序，通过实施车顶模块化组装，即将原组装流程的部分工序组成模块前移，再配送至钢结构进行模块间的组装，按精益生产的节拍要求平衡了工序时间，提高了生产效率，消除了等待、人员培训、搬运及加工本身的浪费，节约了成本。

4.3.3.3 工艺装备管理优化

工装的投入占据产品生产成本的重要位置，根据产品结构、技术要求、工艺规程生产纲领及工艺方案考虑现有生产线及新增工装的可行性，进行柔性化工装设计，确保工装的继承性及延续性。

设备能否保持良好的技术状态是生产正常进行的重要条件，而设备精度的保持程度又是直接实现零部件工艺和质量要求的基本保证。生产线现场对设备实行 TPM 自主保全制度，对设备进行日常维护、点检等活动，可以降低设备故障带来的修复成本、生产停滞成本等，提高生产成品合格率，实现设备单位时间内的产量最大化。

例如底架钢结构组装胎：

原有状态：在客车钢结构大型组焊工装中，常因为生产品种单一，调整不便而需要另外制造工装，这样不仅增加了成本，而且影响了交货期。底架钢结构便是其中之一。因产品尺寸变化，需要重新制造新工装，而增加成本；新制工装每套需费用约 50 万。而且改胎周期长，增加人工和时间的成本。生产品种车型不一样，需要多套工装，占用场地而增加生产成本。

优化后状态：在保证具有原工装可靠的夹紧定位机构的前提下，采用模块化方法，将工装模块组合。将模块重新组合后不需要另外增加材料费用，简单，快捷．工装配有梯形槽，可根据不同车种不同尺寸进行调整，以适合所有铁路客车底架钢结构的组焊，充分体现了工艺装备设计的标准化、通用化及柔性化．

4.3.3.4 生产流水线优化

流水线是一种工业上的生产制造方式，又被称为装配线。指每一个生产单位只专注生产某个工序的工作，从而达到提高熟练度及工作效率。按照输送方式进行分类，流水线大体可以分为：板链线、皮带流水装配线、滚筒流水线、倍速链、插件线、悬挂线、网带线这七类流水线。生产流水线上可以设计多种工位，来满足生产需求，提高扩展性。根据工厂需求，可以设计符合产品特点的生产流水线；在节约工厂生产成本的同时，节约生产工人数量，实现自动化生产，具有前期投入不大，回报率高的优势。

案例6，对客车总装车间进行生产线资源配置进行优化：

原铁路客车总装工艺流程按原始的定点客车，即由劳动者在一个固定的地方进行组装的生产方式，根据各工序的前后顺序及工人作业经验确定节拍时间，存在很大的不确定性。工人通过小板车到库房领料运到客车所在地进行组装，容易造成物料的丢失、损坏，同时需要专门的库房存放临时物料，造成库存的浪费，且由于在同一地点作业，前道未完成的工序遗留的辅助工装等对下道工序组装造成影响，形成交叉作业，造成等待、搬运等的浪费。在 A 轨道车辆项目中为标准化规范作业，按节拍进行物流配送，通过流程优化，厂房合理布局，工装设备等资源的合理配置，建立了客车精益生产线。

通过精益流水线的建立、实施，从以下方面对成本进行了有效的控制：

(1) 原材料定额的控制，根据各工位作业内容，制定工位物料清单，由于工序作业内容固化，便于对材料定额的核对和控制，消除材料浪费。

（2）工时定额的控制，工位作业内容固化后，车间实行定额分配点的劳动报酬制度，并通过定额分配点表格填写形式体现出来，使得劳动报酬分配制度做到透明、公开，极大的提高了员工工作热情和积极性，且员工的操作熟练度大大提升，生产效率得到提高，节拍时间由 190 分钟逐步缩短到 120 分钟。

（3）产品质量的控制，依据各工位作业内容，编制检验作业指导书及检查记录表，按工位配备检查员，责任明晰，检查标准清楚，便于控制产品质量。

（4）现场管理的提升，在各工位设立工位管理板，管理板内容包括人员组织结构、考勤、标准作业指导书、异常统计表、质量问题反馈、安全日历、定额分配点、工位交接、改善提案表等内容，将各项管理工作目视化。

客车精益线是以一个产品及整车作为对象的单一生产线，是在一个节拍内通过多工序作业来生产同一产品，通过实施多工序作业要求作业人员能快速地作业而且易于掌握自己的节奏。通过流水线化布局成 U 字型，即按工序进行的先后顺序排列放置作业设备及存放托盘，从流水线中部折弯，于是流水线的出入口可采取就近原则，利用转运小车在平衡了各工序作业人员的作业量前提下，按节拍配送，消除了步行搬运的浪费，同时将不同工序的机器设备或作业台之间的间距缩短，合并工序，使流水线更加优化。U 字型生产线更加适用组装路线的布局，同时需要有更高的生产技术支持，主要特点如下：

（1）多条生产线同时布局，如车间二、三工区同时存在，可同时对应几种产品，也可以在大批量生产背景下同时生成，能形成多品种、同一品种大批量品种的同步生产。

（2）由于 U 字型生产线可以完成组装整车，容易形成生产线变长的倾向，而生产线变长就会导致场地的浪费和步行的浪费。因此 U 字型生产线改善的重点是进行工序分割合并重组，实现人员多能化，创造单一产品最短生产线。

（3）工装设备、物料存放托盘等按组装流程进行配置，人员按照节拍进行管理，同时每个工位处通过看板等形式摆放作业标准，作业人员要经过一个周期完成该工位的组装，这样不知不觉地形成了节拍均衡化。

原有的总装生产线，采用车辆不动，人员带着物料，按车号依次生产的制造模式，处于"车等人，人等物料，物料配送找不到车"三不准状态。各工序混乱，车辆制造状态无法管控，前车生产完工后无法调运，后车生产人员不足，生产线等待浪费严重，部分人员半天作业，部分人员加班加点，刚刚达到日产 4 辆车的产能。

在 A 轨道车辆项目中，通过对总装车间生产线资源配置优化布置，建立了拉动式生产，当一辆车组装成型，从出口出来时，一辆未组装的车辆物料，也被从入口投入，这样既实现了流水线生产，保证待加工产品数量的一致性，可及时发现瓶颈工序，通过工序再分割，均衡各工位生产节拍，对各工位工序进行持续改善，使得生产效率及质量都获得了有效提高，产能得到大幅度提升，达到现在的日产 8 辆的产能，大大降低了生产成本。

综上所述，A 轨道车辆项目，从"原材料定额、工时定额、资源配置"三个环节出发，通过对项目成本构成的关键——项目实施成本进行管理，实现项目成本管理优化。在该项目中，通过对原材料、工序工时进行精确统计计算，材料成本得到了有效管控，人工工时利用率得到明显改善；并通过对生产线资源的优化配置，实现现有资源合理利用，大大提高了 XX 轨道车辆有限公司 A 轨道车辆项目的产能。虽然由于项目周期短，产品结构固定，以及受现有厂房布局的限制，并没有时间进行大量彻底的新加工方法、新工艺的研究，也没有对已有的厂房生产线进行重新设计和布局，但是通过制定合理的项目成本管理计划，通过项目不同产品的试制，发现该项目在实施过程中的成本管理问题，提出了具体的优化方案，在批量生产过程中进行实施，项目成本得到了有效控制，结合公司特点，利用现有资源，在降低原材料、人工成本的同时，保证了产品的交付周期，实现了 A 轨道车辆项目的成本管理目标。

4.4 轨道车辆项目成本管理实施策略

项目成本管理的关键在于，在满足客户要求的前提下，既不能影响产品质量，又不能影响产品交付周期，还要有效的降低成本，获得最大利润。

对于轨道车辆制造业企业项目管理的全面成本控制，就是要从片面的生产过程控制，转化到从项目前期策划过程到售后服务全过程中所发生的一切耗费以及项目成本。项目成本管理的目标是实现可持续的成本效益最大化，可持续的资源消耗最小化。这就需要采用科学的精准的核算生产成本。准确核算企业生产成本的同时得到详细的成本数据库，为企业改进方案提供重要参考。其最终的目的是为了提高公司的整体竞争实力。A 轨道车辆项目成本管理实施策略按项目生命周期具体的应用如下。

4.4.1 原材料成本优化管理的实施

对于制造性企业，在项目生产过程中，大多采用传统的材料管理方法，即依靠产品设计结构，技术人员按照产品结构 BOM 结合一定的工艺放量，进行原材料定额统计，缺乏对最终材料使用定额状况追溯和控制，往往因原材料采购过多或不合理，造成原材料浪费。仅仅通过人员计算控制是远远达不到原材料的快速、精准的有效管理，只有先进人机互补的信息系统才能实现快速准确的计算，为高效成本管理提供可能性。

在 A 项目中主要通过按工位制定工艺 BOM，并导入 ERP 系统来实现对物料领取、配送进行信息化管控，提高材料的使用效率。首先，对各工位的工序进行合理划分，针对各工位制定工艺物料 BOM，确定各工位物料的种类、名称、数量、物料编码、制造属性（如整体组装后打包，还是散件供应）等。然后将该信息导入 ERP 系统，通过该系统对材料的领用数量进行控制，对正常和异常的材料领用信息进行追溯，通过数据库及信息管理实现定额的快速、精准的有效管理。

4.4.1.1 原材料采购成本控制

在传统管理方式中，制造型企业的采购部门的职责局限于为了满足产品生产的需要，完成相应的采购计划并确保产品生产的正常使用。而在如今的生产运营过程中，采购部门的职能已经得到更多的扩展，尤其是更加注重采购成本的持续优化，通过一系列的管理扩展和策略持续的降低采购成本。研究数据表明：采购节约1%，企业利润将增加5～10%。因此，科学有效的采购管理对型企业的成本优化起到决定性的作用。

在A轨道车辆项目中材料价格主要由材料采购部门控制，通过掌握的市场价格信息，在保质保量的前提下，货比三家，就近择优购料。选用合理而经济的运输方式，降低运输成本。另外，购料要考虑资金的时间价值，合理确定进货批量与批次，减少资金占用和降低材料的库存时间。

4.4.1.2 加强物流环节管理

目前较为流行的物流管理思想是精益物流，其核心内容是消灭一切浪费，包括库存在内，并围绕此目标发展的一系列具体方法。它是从精益生产的理念中蜕变而来的，是精益思想在物流管理中的应用。在A轨道车辆项目实施中，应用以ERP理论为基础的现代化信息物流管理软件系统。在项目准备过程中，设计、工艺部门需对项目数据进行转换，并且录入系统，同时标注个零部件生产周期、加工、装配时间以及各工序节点。在生产过程中实现了定时、定点、定量的套餐式供应及节拍式配送。深化了企业的工位制生产模式，推动了"拉动式"生产方式，物流配送作为承上启下的关键环节，有效地保障了生产线的有序、稳定的生产。

通过对原材料定额的控制、采购成本的控制以及加强物流环节的管理来实现对A轨道车辆项目原材料成本的优化管理，大大减少了原材料成本的浪费，提高材料利用率，减少制造成本。

4.4.2 工时成本优化管理的实施

在工时定额管理中将作业用工及零星用工按定额工日的一定比例综合确定用工数量与单价，通过劳务合同进行控制。加强劳动定额管理，全面推行全额计件的劳动管理办法和单项工程集体承包的经济管理办法，以不突破预算人工费指标为控制目标。提高施工人员的技术水平和作业队的组织管理水平，根据施工进度和技术要求，合理搭配各工种人员数量，合理调整各工序人员，减少和避免无效劳动和人员闲置；做到技术工不做普通工的工作，高级工不做低级工的工作，避免技术水平上的浪费，节约人工费用。

4.4.2.1 节拍化生产

在轨道车辆制造企业中，企业生产管理人员对于生产的控制主要集中在完成生产任务上，对于生产管理过程人力资源的排布缺乏合理性，从而造成生产过程不平衡，该不平衡主要体现各工位节拍时间不等，容易造成整条流水线等待时间过长，无法保证生产效率的更大的发挥。此外，因为缺乏对于生产订单计划和实际产能的有效衔接和分析，不清楚工厂的瓶颈资源在哪里。这些问题都将为企业带来额外的人力资源成本。基于以上对于人工工时成本管理的不足，在A轨道车辆项目中做如下改善：

根据生产线各工位的生产要求，建立节拍化生产流水线，对于每个岗位进行操作时间的科学测量，建立工序推移图，通过对时间高于节拍的和时间低于节拍的不同生产过程进行优化，对各工位工序现有的人员的数量进行控制，以达到均衡生产并保证最有效节拍，来获得最高产能。

此外，还应重视员工的基础技能培训，通过培训员工的工作能力来提高工作效率，人力资源的使用才能得到充分的发挥。

4.4.2.2　建立鼓励型绩效考核机制

在管理落后的制造型企业中，对于所有员工的考核体系往往缺乏科学性和合理性，更多的绩效考核体系偏向于惩罚性质，这种考核制度往往不太受欢迎，因为每个人都不愿意受约束，不愿意被罚，看到有关自己的考核标准中很多的惩罚条目时，自然就会产生逆反心理，不利于企业的整体效率的发挥。

在A轨道车辆项目中绩效考核体系以建立激励导向为主，并制定了详细结合岗位职责的激励政策和为公司创造价值的项目相关联，通过这样的激励考核体系的建立，可以有效调动相关人员的积极性和创造，提高员工工作效率，为企业创造更多的价值。

通过节拍化生产、建立鼓励型绩效考核机制，培训员工技能，提高生产效率以达到均衡生产，保证节拍有效、统一，为流水线作业提供基础。

4.4.3　基于成本管理的资源合理配置

4.4.3.1　制定项目成本管理方案

良好的项目的管理方案是项目得以有效运营和实施的基础。在方案中需对项目成本进行分析，制定成本控制标准，建立阶段性、子项目的成本目标和实施计划，加强项目成本管理和控制，保障项目计划的有效实施。中标后针对施工现场情况，编制施工组织设计，做好项目策划，内容包括：编制项目成本预算，确定责任成本，编制施工组织及进度计划，制定各项规章制度；结合现场实际情况，按预算章节计算出各分项分部工程、单位工程所需要的人工、材料、机械台班数量，制定单项目标成本。同时根据招投标文件、承包合同以及施工图进行技术、经济分析，制定二次经营开发策略。施工过程中定期进行技术经济活动分析，将实际发生的成本与预算成本、目标成本进行对比分析，如产生差异，分析原因及时纠偏。

项目成本管理控制的目标是寻求利润最大化，项目中各环节对净利润的影响程度是不同的，所以必须要对其敏感性进行分析，同时对成本费用结构进行分析，可以更确定的寻求到控制的重点，因为每个环节费用占总成本费用的比重是不一样的，那么控制的力度也会不一样。结合轨道车辆项目的特点，制定适合该项目的成本控制体系以及控制标准，同时将企业从前的项目运作之后的数据和信息进行收集，归纳收集计划阶段有关项目的各方面资料，进行成本技术测定、调查、分析，避免异常情况和偶然性浪费，并要考虑到难以避免的损耗。

此外还应建立起健全的阶段性的成本控制分析体系，制定出明确的成本目标，并与项目实施成员制定出实施计划，定期进行检测和控制，出现问题时及时的进行纠偏和调整，使企业的成本管理体系顺利的执行。

4.4.3.2 建立基于成本管理的模拟生产线

模拟生产线是以工位为最小的管理单位，以工序为最小管理单元，围绕物料定额、人员配置、现场工位以及物流配送等重点解决课题，明确工序的作业内容及作业标准，并将合同价格细化到工序，实现成本管理的工位制，从而将项目从始到终进行贯通，消除管理中间转化。

在 A 轨道车辆项目中，通过建立模拟生产线平台，将传统的长项目运营周期变成短运营周期。传统的项目准备试制周期长，属于"散沙式"无规律的准备，孤立制度管理从而使得各部门之间互相推卸责任，到了实际生产现场才能发现问题，发现和解决问题能力弱，严重影响项目生产周期。模拟生产线的建设就是要使项目准备变得有序、有规律，缩短试制周期，使流程管理进入同心圆协同作战，提前发现并解决问题，将"无形"的准备变成"有形"，将新结构变成成熟结构，将新难点变成成熟技术。模拟生产线是在项目启动阶段通过人、机、料、法、环、测（即人员配置，工时定额，员工山积图；工装设备配置，设备点检标准；物料明细；消耗品明细；工位布置图，工位流程图，业标准；工位安全环保要求，工位安全地图；计量器具明细，检验标准）生产六要素，模拟验证构建产品平台，持续满足顾客需求。通过建立模拟生产线，提前暴露生产过程中可能失误。

通过建立模拟生产线，提前暴露生产过程中可能出现的物料异常、来料等待、工装设备准备不全，人员资质不符等问题，通过风险分析优先解决痛点问题，节约生产过程中的因异常问题造成的生产线等待，或准备不足造成的停工等。提前暴露提前解决问题，以达到降低成本的目的，是项目成本管理在生产过程控制中的一种体现。

4.4.4 生产过程成本优化管理的实施

生产过程成本优化的管理，属于精益生产管理。精益管理是提高管理水平的一条重要途径，特别是不断降低成本、提高效率、提高质量的能力。其目标是低成本、高效率、高品质的进行生产，最大限度的满足客户的需求基础上，通过消除一切浪费，实现企业利润最大化。实施精益生产是提升公司盈利能力的有效手段。其主要实施策略包括工艺检查、异常管理、安全管理、质量管理。

4.4.4.1 基于成本管理的工艺检查

工艺纪律检查是企业正常生产秩序、确保产品质量、安全生产、降低消耗、提高效益的保证，检查内容涉及人、机、料、法、环、测等各方面，并突出了生产过程中的工艺贯彻率，直接对生产工序的产品可靠性做出了正面影响，也必然在一定程度上能降低成本消耗。及时通过工艺纪律检查，检查制定的作业标准执行情况、人员培训交底情况，保证作业人员的素质，杜绝由于违反标准而造成质量缺陷返工的成本及增加人员培训等的成本。工艺纪律检查管理工作流程如下图 4.15 所示：

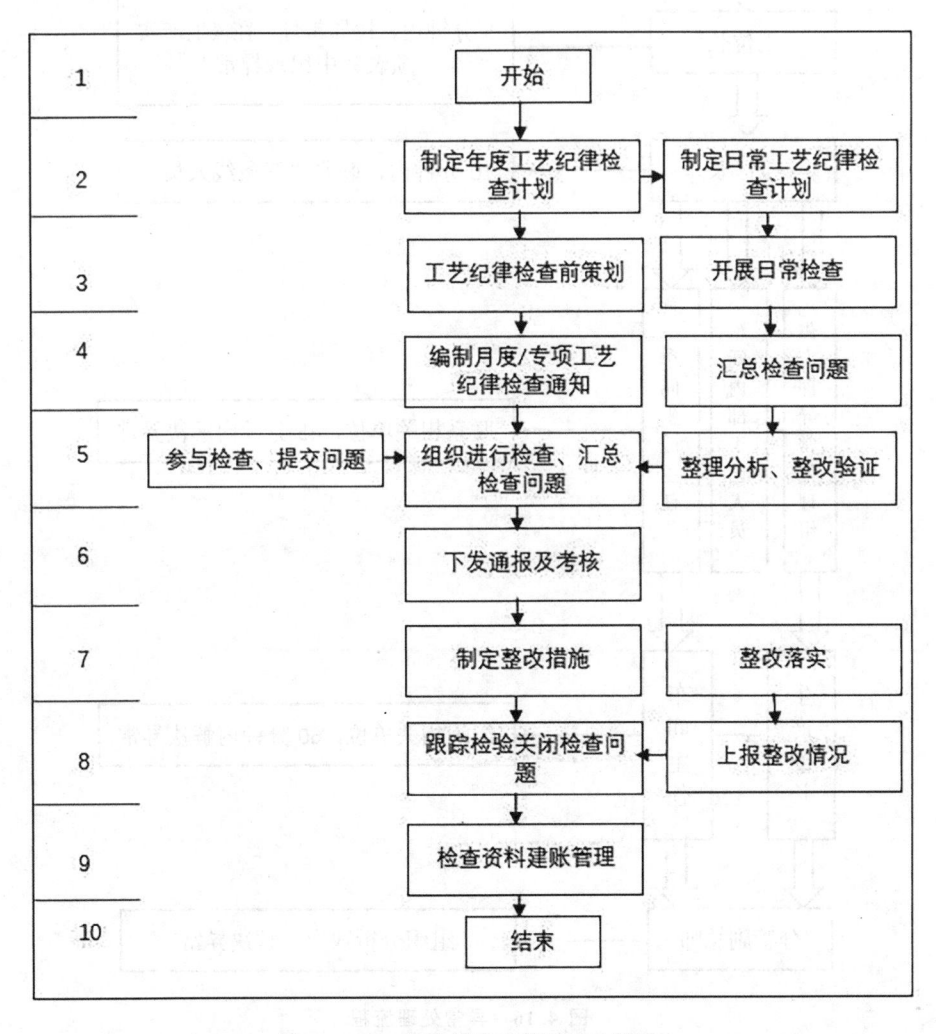

图 4.15 工艺纪律检查管理工作流程

4.4.4.2 基于成本控制的异常管理

生产异常是指在产品生产过程中造成生产停工或进度延迟的情形，而生产异常的概念可总结为因生产流程、作业方法、机器设备、研发设计、材料等因素而造成的生产线上不合格品数量上升或生产效能下降的情况。通过规范生产异常管理来达到促使计划的兑现，暴露生产问题，优化工位作业，合理化人员配置，均衡节拍生产线的目的，从而实现提高生产效率，降低成本，消除浪费，提高产品质量，提高客户满意度。异常处理流程如下图4.16 所示：

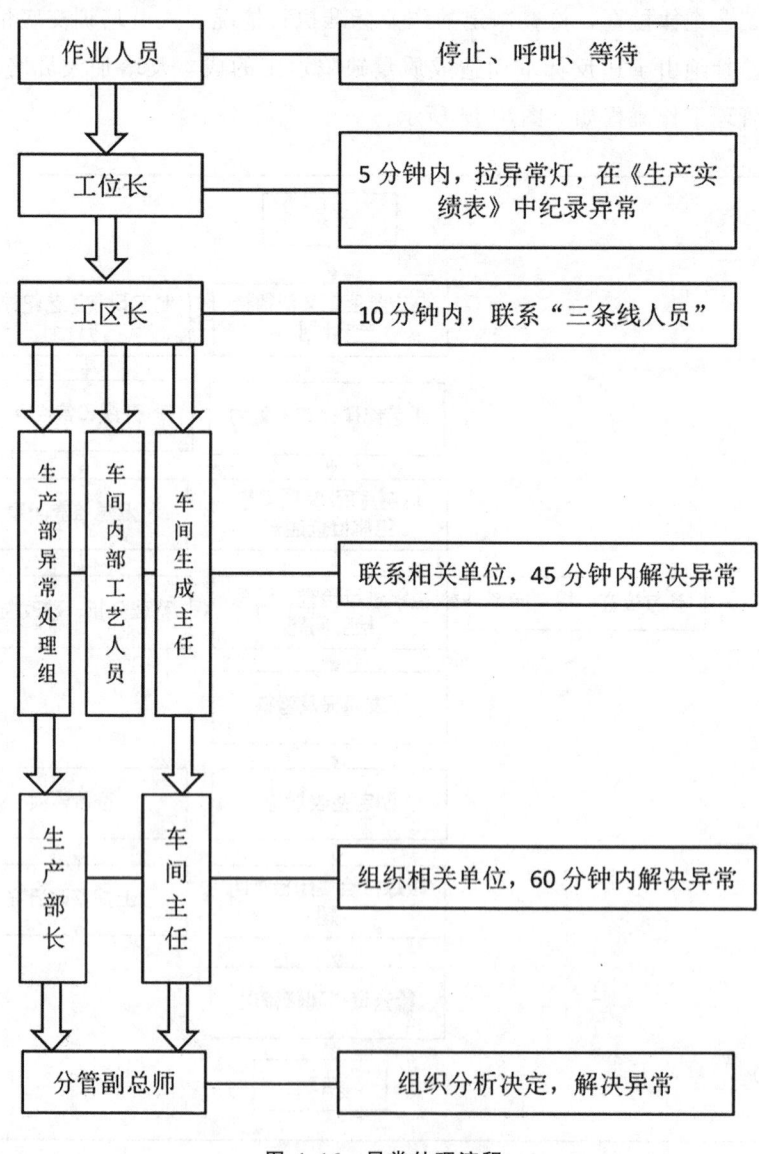

图 4.16 异常处理流程

4.4.4.3 基于成本控制的安全管理

安全在生产中无时不在，对生产起着促进和保证的作用。因此，安全与生产虽有时会出现矛盾，但从安全与生产管理的目的来看，又表现出高度的一致和完全的统一。安全管理是生产管理的重要组成部分，安全与生产在实施过程，两者存在着密切的联系，存在着进行共同管理的基础。管生产同时管安全，不仅是对各级领导人员明确安全管理责任，同时，也向一切与生产有关的机构、人员，明确了业务范围内的安全管理责任。由此可见，一切与生产有关的机构、人员，都必须参与安全管理并在管理中承担责任。认为安全管理只是安全部门的事，是一种片面的、错误的认识。

在 A 轨道车辆项目中，利用整理、整顿、清扫、清洁、素养的"5S"精益管理理念实施生产安全管理，提高人员安全素质，实现项目全程零伤害，大大节约了因安全造成的事故开支，节约了项目成本。

4.4.4.3 基于成本控制的质量管理

所谓全面质量管理，就是企业全体人员及各个部门同心协力，把经营管理、专业技术、数量统计方法和思想教育结合起来，建立起产品的研究与开发、设计、生产作业、服务等全过程的质量体系，从而有效地利用人力、物力、财力、信息等资源，提供符合规定要求和用户期望的产品和服务。美国著名质量管理专家戴明曾提出：在生产过程中，造成质量问题的原因只有10%～15%来自工人，而85%～90%是企业内部在管理上有问题。由此可见，质量不仅仅取决于加工这一环节，也不只是局限于加工产品的工人，而是涉及到企业各个部门、各类人员。

在 A 轨道车辆项目中，通过规范现场工位质量管理，如下图 4.17 规范现场工位质量管理流程所示，要求全体人员从开始就正确地进行工作，把事情一次性作对，这样不仅能保证质量，减少不要的问题发生，降低变更次数，使企业整体的工作质量和效率得到提高。

在生产过程的成本管理是通过建立管理体系，来实现系统化的成本控制，并推广到其余项目中，形成公司项目管理制度。通过工艺检查来发现生产过程中存在的人员操作不当，管理不到位等问题，并通过关闭问题，制定整改措施，建立管理台账，避免后续类似问题的再次发生，减少因人员操作不当造成的成本浪费。通过优化异常管理来提高生产问题的解决速度，减少作业等待时间。通过安全管理减少安全事故的发生，减少因事故造成的不必要开支，节约成本。通过质量管理提升产品质量，减少返工返修，降低维修次数，使企业产品质量得到保证，降低成本的同时提高企业竞争力。

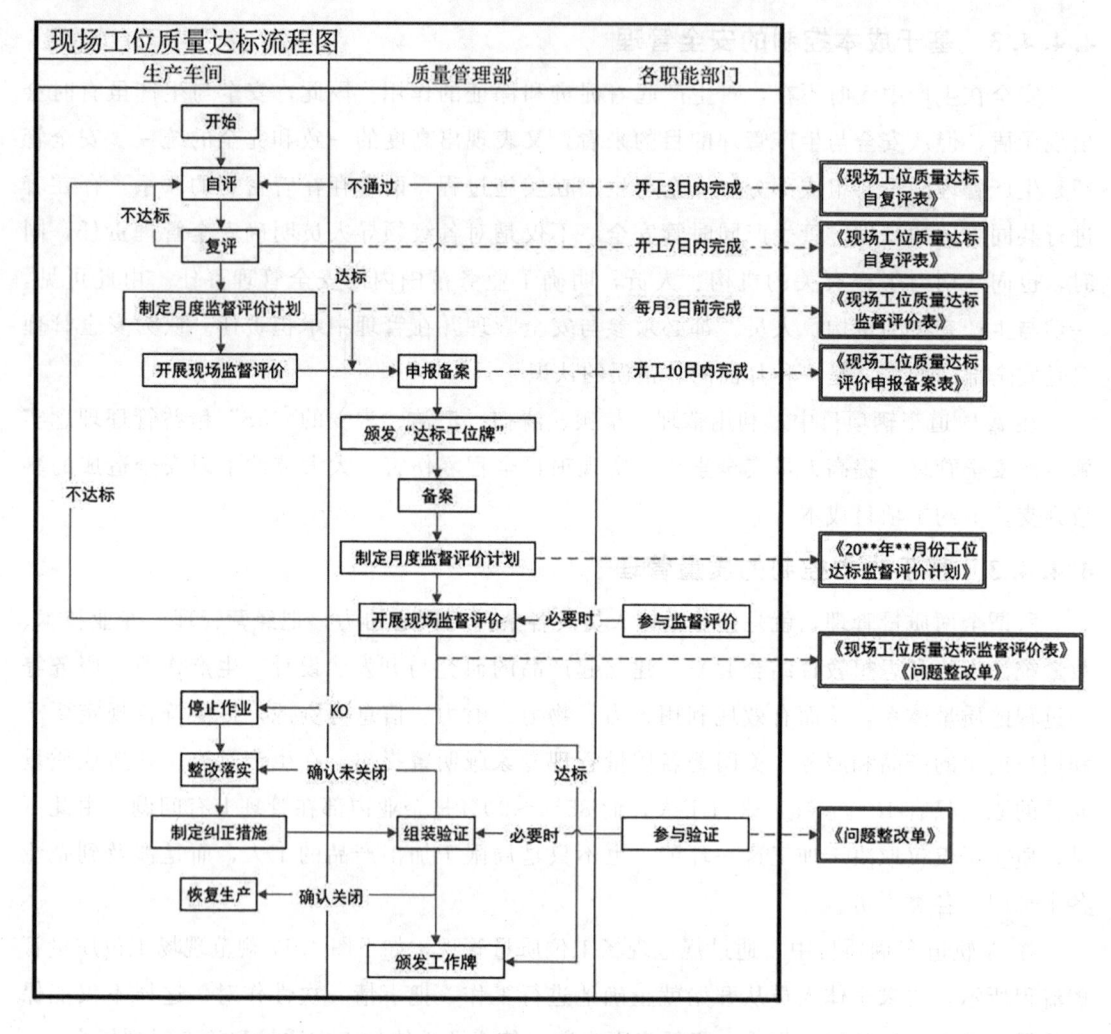

图 4.17 规范现场工位质量管理流程

4.4.5 完善项目收尾工作

项目管理收尾阶段是项目管理过程中及其重要也是必不可少的环节。基于成本控制的轨道交通装备制造企业项目收尾阶段，是交付成品并提供售后服务的阶段，它的目的是确认项目实施的结果是否达到预期要求，通过项目移交或清算，确认项目带来的实际效益。在收尾工作中管理人员和团队成员应该对项目的筹划、计划、实施、控制、收尾等各个过程中出现的问题及成功的经验进行全面的总结。其目的用来确定项目是否达到预期目标和主要效益指标，查找项目成败的原因，总结项目经验教训，为企业决策者提供科学的、准确的指引方向，以避免后续企业其他项目的决策失误，及时对后续项目进行纠偏和调整，以达到提高投资效益的目的。

轨道车辆制造业项目的特点是其产品保修及保质期长，因此应当加强项目资料的归档管理工作，未来一旦发生产品问题，工作人员能及时的对照原始的项目资料进行快速、准确的查找，分析产品出现问题的根本原因。完善项目收尾工作后，项目团队应有完善的对未来可能发生问题的预案措施，提高应对未来可能出现问题的能力，从而大大提高售后服务效率。

第 5 章 轨道车辆生产内部控制体系优化

5.1 内部控制体系相关理论

5.1.1 企业内部控制制度背景

本章首先对国外内部控制理论的产生及发展过程进行总结回顾，紧接着介绍我国内部控制制度的发展历程，经分析评价可发现，随着国内外内控制度框架的发展，内部控制理论及框架制度发展已进入风险导向新时代，并对与此有关的文献进行总结，为本文研究内容提供理论和制度支撑。

5.1.1.1 国外内部控制理论的发展过程

通过追溯会计、审计发展历史，从内部控制与会计、审计关系视角，我们可将内部控制理论大致内部牵制阶段、内部控制制度阶段、内部控制制度结构阶段、内部控制制度整体框架阶段、企业风险管理框架阶段。

在内部牵制阶段，通过人与人之间的相互牵制、互相制约完成某项任务，从而防止差错、减少舞弊，主要体现在岗位分离和交叉检查等。这一阶段理论研究很薄弱，更多的是从实践中互相牵制来纠错和防止舞弊。在内部控制制度阶段，即 20 世纪 40 至 70 年代，美国审计界的相关研究使内部控制从会计与审计控制中剥离出来，第一次出现在人们视野。但该阶段，还仅局限在会计控制，管理控制涉及较少，更未涉及内部控制环境的相关因素。在内部控制制度结构阶段，即 20 世纪 80 到 90 年代，内部控制被重新定义为一系列政策和程序的有机体，并首次将内部控制环境要素纳入内控范畴，主要包括控制环境、会计系统和控制程序相结合的系统结构，是现代内控理论发展的基础。在内部控制制度整体框架阶段，COSO 委员会发布了《内部控制－整体框架》报告，被认为是内部控制的里程碑文件。COSO 框架强调内部控制是一个动态的过程，内部控制不是目的，而是实现组织目标的手段和工具，更强调风险意识。在企业风险管理框架阶段，20 世纪末期，随着财务丑闻的发生，美国为进一步监管上市公司内控的有效性，出台《萨班斯——奥克斯利法案》，随后

COSO 委员会发布了《企业风险管理——整合框架》。该框架更加关注对企业风险进行全面管理，涵盖了内部控制，并进一步发展了内部控制。

5.1.1.2 国内内部控制理论的发展过程

改革开放后，企业发展迅速，同时也出现了一系列的公司舞弊事件，政府意识到内部控制对维持市场经济健康、稳定、持续发展的重要作用，因此政府监管部门通过颁布相关政策规定和规范指引来引导企业完善内部控制。大体可分为内部控制制度初创期、内部控制制度发展期、内部控制制度整合期三个阶段。

在内部控制制度初创期，20 世纪 90 年代，财政部发布《会计基础工作规范》体现内部牵制和会计控制概念，中国证监会首次对上市公司内部控制提出要求，要求上市公司建立健全内部控制制度，并要求监事会监督执行。在内部控制制度发展期，2006 年上海证券交易所和深圳证券交易所借鉴国际通用的内控框架，相继发布了有关上市公司内控建设指引，拉开我国内部控制制度体系建设的序幕。2006 年 6 月，国资委发布了《中央企业全面风险管理指引》，该指引充分借鉴了 COSO 委员会发布的《企业风险管理—整合框架》，突出风险管理内容，对国有企业建立完善风险管理流程起到积极引导作用，但该指引没有明确风险管理和内部控制的关系，不利于企业建立内部控制体系标准的统一。在内部控制制度整合期，2008 年财政部等五部委制定发布了《企业内部控制基本规范》，2010 年财政部等五部委又颁布了《企业内部控制配套指引》。该指引被称为"中国萨班斯法案"，从而确立了我国企业内部控制建设和实施的基础框架。

企业战略是企业长期经营实践探索出来的企业发展道路，是企业的长期规划，作为企业的长期使命，不是短期内就可以实现的，需要经过长久的努力才可以达成。战略管理则是企业进行战略决策和战略实施的过程。为了避免企业战略决策的主观性和随意性，必须在现有基础上建立一种机制，督促管理者积极行使战略监督责任，战略导向的内部控制就是这样一种机制。通过战略导向的内部控制，可以及时发现各种可能存在的风险因素，从而采取有效措施适时地修正战略目标或计划，降低风险损失。

5.2 内部控制体系现状及存在的问题

5.2.1 公司概况

5.2.1.1 公司治理结构和组织机构

公司在改制之初就按照上市公司的标准制定公司章程，建立并不断完善治理结构。公司设置股东大会、董事会、监事会和管理层，并根据《中国共产党章程》的要求，依法设置了党组织，将党组织管理的有关内容纳入了公司章程。公司现有员工 18000 多人，截至 2017 年 12 月底，公司直接持股的全资子公司 7 家、控股子公司 10 家，合营公司 2 家，参股企业 8 家，组织机构如图 5.1 所示。

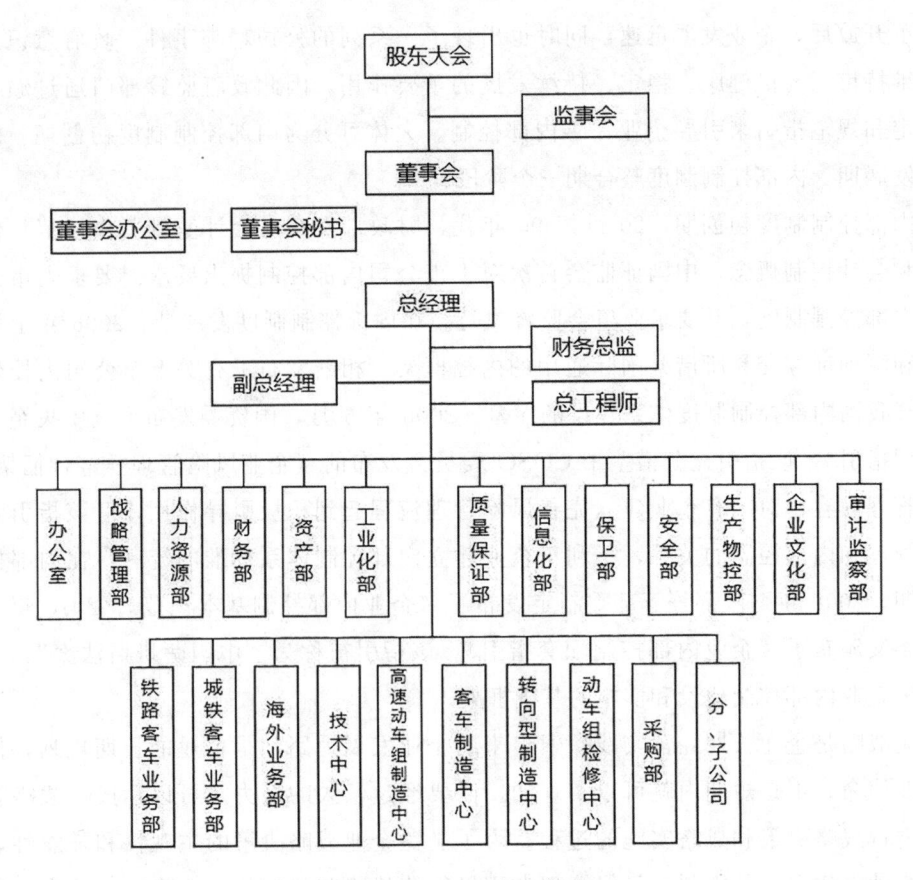

图 5.1　公司组织机构图

5.2.1.3　经营情况

公司资产总额为 400 亿元，其中，负债总额 260 亿元，净资产 140 亿元。截至 2020 年 12 月，公司资产总额 650 亿元，负债总额 434 亿元，资产负债率为 66.77％。公司近年来保持了平稳快速发展，2018 年实现销售收入 300 亿元，净利润 28 亿元；2019 年实现销售收入 330 亿元，净利润 3 亿元；2020 年实现销售收入 305 亿元，净利润 23 亿元。

5.2.1.4　市场开拓情况

在国内铁路客车市场上，近三年公司共实现签约 700 亿元。其中，2017 年公司在国内大铁路市场实现动车组整车新造、检修签约 300 亿元，动车组转向架签约 20 亿元，配件销售签约 10 亿元。

在国内城市轨道车辆市场上，近三年公司共在北京、上海、重庆、武汉、成都、西安、

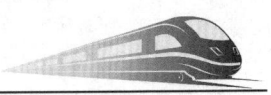

南昌、三亚、呼和浩特等城市实现中标 50 个项目 7700 辆车，中标金额 500 亿元。

在海外市场上，公司是我国轨道客车装备制造行业中出口最早、出口数量最多的企业。截至目前，产品远销至香港、阿根廷、新西兰、新加坡、伊朗、沙特阿拉伯、泰国、巴西、澳大利亚、美国、埃塞俄比亚等 20 多个国家和地区，出口车辆数量达到了 8900 辆，年出口额占中车整车出口额近 40%。近三年，公司实现出口签约额 60 亿美元。

5.2.1.5 战略布局情况

公司依据国家宏观政策及"一带一路"的倡议，围绕"统筹规划、重点布局"的工作方针，统筹谋划全球战略布局。在国内，建立了以北京、上海、南昌、武汉、深圳、成都、重庆、西安、呼和浩特等地为据点，辐射华北、华东、华中、华南、西南以及西北地区的营销网络，以覆盖全国各区域市场。在海外，公司已经在美国、澳大利亚、以色列、巴西先后注册了子公司，同时还在伊朗、沙特阿拉伯、泰国、香港、俄罗斯、埃塞俄比亚等十个国家和地区先后设立了合资公司或驻外代表处，基本建成了中亚区、美洲区、中东区和大洋洲区四个经营区域，逐步建成了布局科学、功能齐全的本地化网点，具备了全球市场准入资质。同时，组建了北京、上海、重庆 3 个国内研发分中心和美国、澳大利亚、俄罗斯 3 个国外研发分中心。

5.2.1.6 管理创新情况

为进一步巩固改革成果，以应对国内外日益激烈的竞争环境、日益复杂的行业发展态势所带来的挑战，在 2017 年，公司创新管理方法，组织公司所属 22 个系统全面开展"管理再造"工作，通过完善系统管理模式设计、夯实基础工作、确立标准规范、健全制度流程、规划管理蓝图，建立资源和活动一体化的整合型管理体系，使公司各岗位及各项工作内容详实、职责清晰、标准明确、行为规范、流程稳定、制度严谨、运行平稳，并在信息化平台上有效运行，极大地提高了企业管理的整体效率和效益，为公司实现管理模式和发展方式的根本转变，确保公司能够在规模、速度、质量、效益相统一基础上的协调健康发展。

5.2.1.7 战略情况

公司在 2020 年发布了未来发展战略，主要经济指标是到 2025 年，企业销售收入力争实现 450 亿元。其中：干线业务要通过检修业务的增长补充新造业务的下降，使其收入与"十二五"基本持平。城铁新造业务年均实现销售收入 150 亿元以上，维修及配件业务收入大幅提升。海外业务力争在"十四五"末期占据公司销售收入 40% 以上。运维服务及其他业务实现突破。实力的提升是公司"十三五"期间的核心工作，经济目标的实现是战略实现的保障。为了实现这一目标，公司制定了五项主要战略举措。一是打造研发、制造、服务技术的新格局，提升技术的支撑力。二是构建集团管控体系，为跨国经营提供组织保障。三是建设智能化企业，打造核心竞争优势。四是强化人才队伍建设，提升企业发展的支撑力。五是构建企业文化体系和品牌管控体系，打造企业核心价值观。

5.2.2 公司内部控制体系现状

5.2.2.1 内部控制体系的实施背景

2010年4月26日，财政部与证券监督管理委员会、银监会、国资委、审计署、保险监督管理委员会等部门在北京联合发布了《企业内部控制配套指引》（配套指引），与2008年5月发布的《企业内部控制基本规范》，共同构建了中国企业内部控制规范体系。从2011年1月1日起，将由同时在国内外上市企业实施，从2012年1月1日起，扩展到在上海证券交易所和深圳证券交易所主板上市的企业。

原上海证券交易所挂牌交易的公司，为满足国家对上市公司的要求，准备启动内部控制体系建设工作，计划全面实施内部控制管理。公司以《关于全面开展内部控制体系建设的通知》的下发为契机，成立了内部控制建设工作领导小组及办公室，拉开了公司本部搭建内部控制体系的序幕。

5.2.2.2 内部控制体系的建设概况

公司内部控制体现建设采用聘请专业会计师事务所提供咨询的方式完成。已经完成了内部控制体系建设中介机构招标工作，天健光华（北京）咨询有限公司中标。中国北车将内部控制体系建设业务整体委托给天健光华（北京）咨询有限公司负责，并在总部及所属企业的内部控制建设领导小组及办公室的组织下开展工作。中国北车下发通知，明确了内部控制体系建设的总体要求、各阶段的工作任务、试点企业安排、工作方法、时间计划、项目验收等内容。公司作为客车、动车及城轨地铁新造及修理业务板块的代表性子公司，成为试点企业。公司内部控制体系建设工作分为三个阶段：

第一阶段为启动阶段，主要内容是设置内部控制体系建设组织机构，制定实施方案。公司内部控制建设组织机构包括领导小组、办公室。领导小组组长由董事长和总经理担任，成员由公司所有高管担任。领导小组下设办公室，主任由党委副书记担任，成员由董事会办公室、战略管理部、审计监察部和各业务系统归口管理部门的主要领导担任。办公室设在审计监察部，负责组织与协调工作。内部控制实施方案明确了参与单位的职责、明确了其在内部控制体系建设中的工作任务、工作方法、时间计划、项目验收等内容。企业高层给予更多的关注度，企业构成了自上而下、全员参与的内部控制建设局面。

第二阶段为建设阶段。建设阶段主要包括流程梳理、现有内控调研测评、修订与新增制度、形成内部控制体系初稿并征求意见几个阶段。

流程梳理阶段，主要内容是面梳理公司流程现状。这一工作主要分为三个部分。一是，公司按部门梳理目前已经存在的流程，并按照流程的业务属性及层级输出流程清单目录；经过梳理公司共有1300多个流程，涵盖公司发展战略、人力资源、公司文化、法律事项、内部监督、资本和费用、长期股权投资、采购和应付账款、存货管控、固定资产和无形资产、销售以及应收账款、担保工作、财务报告、合同管控、关联交易、成本核算和信息系统控制等多方的内容。二是咨询机构开展各类访谈，参加谈话的对象涵盖企业的高中层、普通工作者，被访谈部门包括公司所有一级机构及部分基层单位，访谈内容包括业务简介、具体流程、输入输出、管理要求等。三是咨询机构组织各部门进行流程评审，对流程节点设置、目前的应对措施进行定性分析。

现有内控调研测评阶段，主要内容是咨询机构按照企业内部控制 18 个应用指引的内容设计内部控制测试清单，在测试过程中咨询机构结合访谈结果、流程梳理结果，依据公司各部门提供的样本对现有内部控制情况发表意见，形成《内部控制缺陷清单》和《制度审阅意见》。

修订与新增制度阶段，主要内容是公司依据三阶段形成的《内控缺陷清单》和《制度审阅意见》对现有制度进行修订或新增。这一过程中，公司补充完善了相关制度，其中新增制度 20 项，修订制度 21 项，主要集中在资金与费用管理、在建工程、研究与开发等业务。

形成内部控制体系初稿并征求意见阶段，主要内容是咨询公司根据前期工作成果，形成内部控制体系文件即管理手册、制度手册、制评价手册，并在此基础上征求公司各部门意见。

第三阶段：内部控制体系建设成果验收阶段，主要内容是公司依据咨询公司确定的《内部控制体系建设成果验收标准》进行自验收，形成《内部控制建设成果验收表》，出具验收结论。验收工作主要包括两方面的内容。

一是对内部控制体系建设工作过程进行验收，主要检查评价本企业的内部控制组织设立、职责分工和工作开展情况。

二是对内部控制体系建设工作成果进行验收，主要检查评价本企业三本手册的健全性、合理性和有效性。成果的健全性主要检查评价手册是否涵盖国家内控及其他文件标准的重要控制要求，如有删减是否有充足的不适用理由；手册是否涵盖了本企业经营管理中需关注的重要业务及重点风险；手册是否涵盖了本企业已制订的主要控制政策、控制活动。成果的合理性主要检查评价内部控制活动、措施在设计上是否存在缺陷和漏洞，是否能有效防范错弊行为；内部控制活动、措施是否符合本企业经营管理实际，是否有利于有效实施。成果运行的有效性重点抽查手册（制度流程）是否一直有效实施，并且存有可证实的完善记录档案；相关岗位人员是否具备控制必需的权限和能力，是否理解和掌握手册（控制文档）与本岗位相关的控制要求与措施。

5.2.2.3　内部控制体系的建设成果

公司内部控制体系包括管理手册、制度手册、评价手册三部分。

(1) 管理手册。

对于一个公司能否顺利建成、成功运行并且拥有完善的内部控制系统，管理手册起着重要的作用，共分为三部分。

第一部分明确了内控建设目的及依据；定义了内控、内控评价、风险等基本术语；在明确内部控制管理决策机构、管理机构、执行机构和监督机构的责任和义务基础上，使董事会、经理层和监事会的责任得到了进一步的明确，进一步明确了经营层面上内部控制体系建设归口管理部门（战略管理部）、内部控制体系监督评价归口管理部门（审计监察部）、内部控制体系管理相关责任部门（公司各部门）的职责划分。

第二部分是公司基本控制，是公司内部控制的基础。这部分按照内部控制五要素，设置了61个控制点，均为关键控制点。

第三部分为专项业务控制，主要依据公司现有重要业务划分，具体为16个专业控制，设置控制点为402个，其中关键控制点157个。每个专业控制均详细描述了控制活动在经营、财务、合规方面的控制目标，开展该项业务活动面临的风险，该项专业活动包括的总流程及子流程，为了规避风险该项活动的重要控制政策等。每个专业控制都配备三个关键图表，即某专业控制的主要子流程图、控制矩阵图和权限指引图，通过这三个重要表单，明确了控制程序、控制点、控制点目标、控制点活动、控制活动在那些制度中有规定、控制活动的输出表单、某控制活动的申请审批执行复核岗位及岗位权限等，是公司内部控制管理的精髓所在。

(2) 制度手册

制度手册是公司内控体系落地的载体，是连接内部控制管理与流程制度管理的桥梁；通过把管理手册中的控制点落实到具体制度中，保证控制点惯性的执行。制度手册的体现形式是按照各个基本控制专业控制编号进行索引的制度原文。

(3) 评价手册

制评价手册是公司内控体系建设与维护的重要组成部分，通过定期检查并且给予评价，找到内部控制出现的问题，尽早查漏补缺，起到巩固和加强内部控制体系的作用，主要包括四个部分。第一部分明确了公司内部控制体系评价的目的、依据及基本原则；定义了内部控制评价、内部控制缺陷等基本术语；明晰了监事会、董事会和管理层有关内部控制评价的分工；进一步明确了内部控制体系评价归口管理部门（审计监察部）、内部控制体系评价相关责任部门（公司各部门）的职责划分。第二部分明确了内部控制评价的类型与程序，评价方法、内部控制缺陷的认证与整改。第三部份为内部控制评价报告内容、报送程序与资料管理。第四部分是内部控制评价的考核与监督。

5.2.3 公司内部控制体系存在的问题

公司内部控制体系建成以来，在公司发展中起到很好的保障作用，经过历年的年度内部控制体系自评、外部会计师事务所审计，内部控制体系也在逐年的完善。但随着公司国际化进程、集团化进程的推进，公司面临的内部外环境发生了极大的变化，现有内部控制体系随着环境的变化，也暴露出一些问题。

5.2.3.1 内部控制体系建设的风险评估方面

公司内部控制体系建设过程中风险评估环节薄弱。一是从过程上看，内部控制建设过程中的风险评估过程过于简单。风险评估是内部控制体系建设五要素的重要组成部分，是确定风险控制点及风险控制措施的基础，一般情况下风险评估包括五个步骤即收集风险初始信息、进行风险识别、开展风险分析、制定风险管理策略、制定风险管理措施。公司现有内部控制体系的建设过程虽然执行了风险评估程序，但只是开展了风险识别环节，开展形式也比较单一，主要依赖咨询机构，风险评估环节薄弱。二是从结果上看，结果文件管理手册中控制措施与风险点没有匹配。

鉴于公司内部控制体系建设过程中风险评估环节薄弱，重要输出成果管理手册没有经过专业的风险评估程序，影响了内外部环境变化下内部控制体系的针对性和实效性。

5.2.3.2 内控控制体系建设的控制活动方面

公司内部控制体系中，目标导向的控制活动还有待加强。公司在内部控制体系建设过程中，对流程进行了深刻的剖析与梳审，侧重于过程导向的风险识别；但目标导向的风险识别工作偏于薄弱，几乎没有开展，也就没有针对识别的风险进行分析，制定控制措施。鉴于内部控制建设工作的重要输出成果管理手册没有针对战略目标进行风险识别，目标导向的控制活动还有待加强。

5.2.3.3 内部控制体系建设的控制环境方面

公司内部控制的集团化管控力度还需加强，主要表现在其全资或控股的子公司还没制定专门的内部控制体系文件。公司先后在境内外成立了武汉、成都、内蒙古、香港、巴西、澳大利亚、以色列等成立了十九家子公司，他们各司其职，为公司开疆拓土、抢占发展先机发挥了重要的促进作用。但与此同时，管理幅度与复杂程度的变化对企业集团化管理能力提出了更高的要求，企业需要主动丰富管理方式方法，完成从单体式管理模式向集团化管控模式的转变。在内部控制管理方面，这些子公司都普遍开展了流程制度建设工作，但是都没有从内部控制的角度对现有流程及制度按照内部控制体系建设的方法进行系统构建，尚未形成与公司统一的内部控制管理体系。

5.2.4 公司内部控制体系存在问题的原因分析

综合分析公司现有内部控制体系存在的问题，主要有以下三个原因。
一是风险管理基础薄弱，缺乏有效的风险管理体系。
风险管理具有系统性，不能一蹴而就。公司风险管理的系统化建设工作以风险管理办公室正式成立为标志，结束了以前各业务、各职能各自为政的风险管理局面。公司当年建设内部控制体系时，风险管理的系统化工作还没有开展，内部缺乏扎实的风险管理基础资料，专业风险管理工具没有得到有效使用，因此在建设过程中过度依赖咨询机构，并没有严格按照内部控制建设的标准流程对风险识别、风险分析、风险评价等前置环节开展专业化的风险管理工作。

二是内控控制体系建设过程中过度依赖咨询机构，没有形成自己建设方法论。

公司内部控制体现建设成果的三本文件都是咨询机构起草，公司审核的。这和公司依据咨询公司提供的方法论，自己组织全体职工进行建设有很大区别的。在这一过程中，公司并不了解体现建设过程中各种风险是如何识别、评估的，并不掌握建设工作的方法论、路径。内部控制体系建设工作结束后，公司也没有进行总结，导致只获得了结果，并没有学到方法论，只能使用，不能系统地移植到其管辖的全资及控股子公司。

三是企业文化建设薄弱。

一个企业的文化建设薄弱，容易影响员工的工作状态，其思想和行为也会背离公司预期的目标。公司应该营造出热爱工作、诚恳有信、勤奋刻苦和互帮互助的环境，促使员工自身价值提升，从而保证公司内部控制体系能够顺利运行，同时克服因为制度原因而产生的各种问题。公司的前身长春客车厂建厂已有60多年的历史，具有企业社会化的典型特点，这个特点直至今日依然存在。公司内部还是存在裙带关系现象、盲目渴望权利、责任意识的缺失以及本位主义严重等多种问题。这导致工作者通常由自己所处工作以及部门的视角来看待问题，出现部分情况下明知存在障碍，但自己与所在部门无需承担责任时，便逃避承担相应责任。公司已经开始加大力量加强企业文化的建设，但企业文化的建设乃至真正发挥作用，不是一蹴而就的，特别是能够对内部控制体系有效运行起到支撑作用的企业文化氛围的形成尚需时日。

5.3　内部控制体系的优化

5.3.1　公司内部控制体系优化的要求

5.3.1.1　公司内部控制体系优化的目标

优化目标是指公司在对现有内部控制体系进行升级、优化工作中所要达到的预期成果。第一，要建立一套基于风险评估的内部控制体系升级的方法，主要解决公司如何从全面风险管理角度系统化地升级内部控制体系这一问题，为今后内部控制体系构建或升级工作提供方法论。第二，在优化过程中，开展一次内部控制文化的全员建设和内部控制知识的系统培训。内部控制优化工作是内部控制体系建设工作的升级，同样得满足五部委发布的《企业内部控制基本规范》中的通用目标。主要包括以下几个方面：

（1）战略目标。这是指以企业未来走向作为基础的目标，其在内部控制中起到了关键性作用，还肩负着承上启下的职责。企业在制定战略目标是需要考虑以下因素：生产效率目标、商业模式目标、收益情况目标和人力资源目标，除此之外还有基础设备目标、财力资源目标、科技技术目标、服务质量目标、社会责任目标以及组织结构目标等。

（2）经营目标。这代表着企业在这段期间所期望完成的盈利目标，也表现了企业发展策略，其主要内容有：利润目标、市场目标、贡献目标和发展目标。

（3）合法目标。合法目标是所有目标中最基本的目标。公司的合法目标主要体现在公司业务、工作是否符合法律法规以及各项标准原则，还有企业的业务行径以及公司准则体制的遵从性。

（4）资产目标。资产目标主要保证资产的完整与安全。企业的资产目标主要有：资产能够进行良性运转、资产投资回报达到最佳以及资产处于完整妥善的状态等。

（5）报告目标。报告目标是指企业的财务报告及相关信息必须真实完整。企业的报告目标主要有：存在或发生指标、完整性指标、相关性指标、记录准确合理指标、及时性指标等。

5.3.1.2 公司内部控制体系优化的原则

优化原则是指公司在对现有内部控制体系进行升级、优化工作中所要遵循的基本要求。一是要坚持全程自主优化，摆脱咨询机构依赖；二是要强化风险评估环节，补齐内控建设短板；三是要突出战略目标控制，实现战略风险落地；四是要重视过程总结分享，形成内控建设方法论。

以上四个原则是本次专项工作的具体原则，除此之外同样得满足五部委发布的《企业内部控制基本规范》中的通用原则，主要包括全面性、重要性、适应性、制衡性、成本效益原则。

5.3.1.3 公司内部控制体系优化的重点

由于公司在首次建立内部控制体系时，风险评估环节薄弱，因此本次内部控制优化工作的重点即对风险评估这个要素进行优化。风险评估将按照传统规范的步骤展开，即风险信息的收集、风险信息的辨识、风险信息的评估、风险的重要性程度排序等一系列步骤，对影响公司内控目标实现的各种风险进行排查，随后进行合理的风险控制措施安排。

5.3.2 公司内部控制体系优化的实施

首次建设内部控制体系时，公司还没有形成系统的风险管理体系，内部控制体系建设工作在风险评估环节薄弱。近些年，公司已经建立起全面风险管理体系，具备系统各地开展风险评估工作的条件。

本次内部控制体系优化工作的优化环节就是风险评估这项要素，系统介绍开展风险评估工作的步骤、方法、用到的工具；优化的另一方面就是在风险评估这个环节新增合理保证内部控制战略目标实现用到的目标导向的风险评估；如此，全面风险评估分在本文分为为基于过程导向的风险评估和基于目标导向的风险评估，既要兼顾过程还要注重目标，力求对公司面临的风险进行一次系统的、全方位的、专业的评估。这些都是公司首次建设内部控制体系时没有开展的工作，是本次内部控制体系优化的主要内容。

5.3.2.1 收集风险初始信息

公司启动全面风险管理以来，制定了符合公司实际情况的风险分类框架，并识别出 5 大类一级风险、43 个二级风险、98 个三级风险，见图 5.2。为了明确风险信息收集责任，提高风险信息收集效率与效果，公司对风险分类框架涉及到的风险都明确了责任部门和信息收集渠道，见表 5.1。上述工作都是风险初始信息收集的基础性的前置工作，各部门在完成上述工作后，就可以进行信息收集，并为下一步风险辨识做好准备。

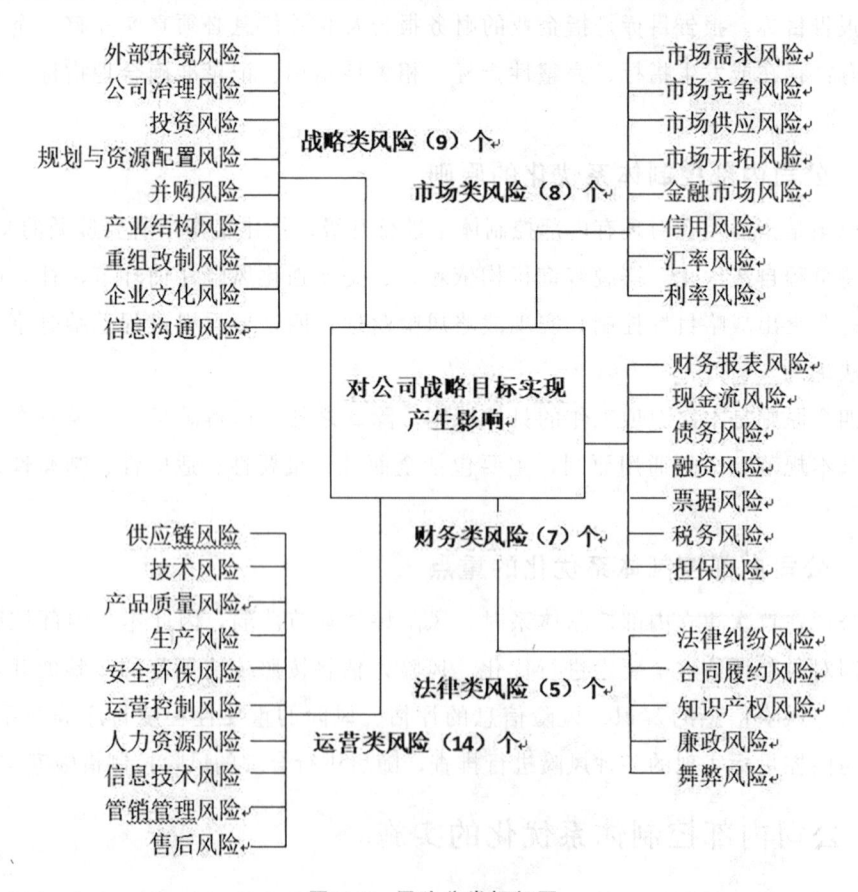

图 5.2 风险分类框架图

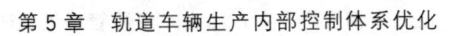

表 5.1 风险信息收集责任部门表

一级风险	二级风险	三级风险	牵头部门
战略类	外部环境	经济环境风险	战略规划部
		外部监督环境风险	质量保证部、安全部
		舆论环境风险	企业文化部
		自然环境风险	安全部
		法律环境风险	审计法务部
	公司治理	组织机构设置风险	运营管理部
		授权管理风险	董事会办公室
		制度体系风险	运营管理部
		监督体系风险	审计法务部、监察部
	投资风险	股权投资项目风险	战略规划部
		固定资产项目风险	工程技术管理部
		财务投资风险	战略规划部
	规划与资源配置风险	战略制订实施风险	战略规划部
		投资决策执行风险	战略规划部
		资源分配风险	战略规划部
		业绩导向风险	运营管理部
		敏感性风险	战略规划部
	并购风险	并购策划风险	战略规划部
		并购决策风险	战略规划部
		并购实施风险	战略规划部
	产品结构风险		战略规划部
	重组改制风险		战略规划部
	企业文化风险	文化认同风险	企业文化部
		文化协同风险	企业文化部
		文化整合风险	企业文化部
	信息沟通风险	内部沟通风险	信息化部
		投资者关系风险	董事长办公室

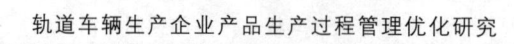

续 表

一级风险	二级风险	三级风险	牵头部门
财务类	财务报表风险		财务部
	现金流风险		财务部
	债务风险	债务违约风险	财务部
	融资风险	资金可获得性风险	财务部
		借贷融资风险	财务部
	票据风险	票据承兑风险	财务部
		票据实物保管风险	财务部
	税务风险		财务部
	担保风险	担保无效风险	各业务部
		抵押担保风险	财务部
市场类	市场需求风险	市场需求变化风险	各业务部
		客户定价变化风险	各业务部
		个性化需求风险	各业务部
	市场竞争风险	潜在进入者风险	各业务部
		竞争加剧风险	各业务部
		市场退出风险	各业务部
	市场供应风险	物料价格风险	物资管理部
		物料短缺风险	物资管理部
		物料供应不及时风险	物资管理部
		物料质量风险	物资管理部
		垄断供应风险	物资管理部
	市场开拓风险	市场壁垒风险	各业务部
		新市场经营风险	各业务部
	金融市场风险	市场开拓失败风险	各业务部
		证券市场风险	战略规划部
	信用风险	债券市场风险	战略规划部
		衍生金融工具风险	财务部门、海外业务部门等
	汇率风险	信用管理能力风险	各业务部
		客户信用风险	各业务部
	利率风险		财务部门、物资管理部门等
			财务部

续　表

一级风险	二级风险	三级风险	牵头部门
运营类	供应链风险	供应商管理风险	物资管理部
		成本控制风险	物资管理部
		物料保管风险	物资管理部
	技术风险	设计方案风险	研发综合管理部
		定额准确性风险	工程技术管理部
	产品质量风险	产品研发风险	研发综合管理部
		质量不稳定风险	质量保证部
		供方质量监督风险	质量保证部
	生产风险	质量检查风险	质量保证部
		生产能力风险	工程技术管理部
	安全环保风险	设备故障风险	资产能源部
		保障不足风险	安全部
	运营控制风险	危险源监控风险	安全部
		运营控制风险	运营管理部
	人力资源风险	预算能力风险	财务部
		工资发放风险	人力资源部
		核心人才风险	人力资源部
		员工流失风险	人力资源部
		劳务用工风险	人力资源部
	信息技术风险	年金投资风险	人力资源部
		信息安全管理风险	信息化部
	营销管理风险	信息共享风险	信息化部
		产品销售风险	各业务部
		产品定价风险	各业务部
		市场调研风险	各业务部
		销售渠道风险	各业务部
	售后风险	售后服务风险	各业务部
	股权管理风险	控股子公司管理风险	战略规划部
		参股公司管理风险	战略规划部

续表

一级风险	二级风险	三级风险	牵头部门
运营类	资产管理风险	固定资产管理风险	资产能源部
		无形资产管理风险	资产能源部
		在建工程管理风险	资产能源部
	品牌风险	媒体宣传及品牌创立维护风险	企业文化部
		品牌受损风险	企业文化部
	灾害风险		保卫部
法律类	法律纠纷风险	法律法规遵从风险	审计法务部
	合同履约风险	过渡承诺风险	各业务部
		合同变更风险	各业务部
	知识产权风险	知识产权纠纷风险	科技管理部
		知识产权受损风险	科技管理部
	廉政风险		纪委办公室
	舞弊风险		监察部

5.3.2.2 开展风险辨识

风险初始信息收集为开展风险辨识工作提供了基础素材，接下来的风险辨识工作，就是要辨识公司业务及其过程中存在的风险，及时的找出风险并将其分类，其中包含一级风险五类，二级风险四十三类以及九十八类三级风险。有效的风险辨识包括以过程导为导向的风险辨识和基于目标导向的风险辨识。

（1）基于过程导向的风险辨识。

过程是指业务开展所经过的程序，过程的载体就是流程。对流程进行风险评估，必须弄清楚公司的流程现状。公司于2008年系统地启动流程建设工作，流程文件包括三方面内容即流程、规范和办法。流程以流程图的形式体现，主要表现一项业务一共经过多少个步骤，每个步骤都需要哪些部门完成，流程的目标等信息；规范以文本的形式体现，主要表现每个步骤需要完成的标准及要求等信息；办法以文本的形式体现，主要表现如果不按照规定步骤及规定标准和要求执行流程，需要付出的考核代价等信息。目前公司流程建设比较系统，并且采用信息化管理，能够一目了然地了解知晓全公司流程的部门分布、层级分布（公司流程目前按照三级管理）、范围分布。本次流程梳理工作依托公司流程信息系统，重点梳理流程的目标、流程的范围（流程涉及到的部门），为下一步的流程风险分析做准备，最终形成公司流程目录，见表5.2。

表 5.2 公司流程目录表

序号	部门	流程编号	流程层级	流程名称	流程范围	流程目标	规范名称	办法名称
1								
2								
3								
4								
5								
…								

流程进行风险评估，是要对影响和阻碍流程目标实现的活动和因素进行识别。这种评估一般情况下以多部门共同讨论的方式开展。讨论主持人建议由流程制定部门推荐，因为该人对流程最为熟悉。他要系统地介绍流程的主要步骤，制定的背景以及期望达到的目的。讨论组要对每一个流程步骤进行详细的分析，最终发现风险点。下边是简单采购流程的风险辨识事例，流程图见图 5.3，辨识过程见表 5.3。

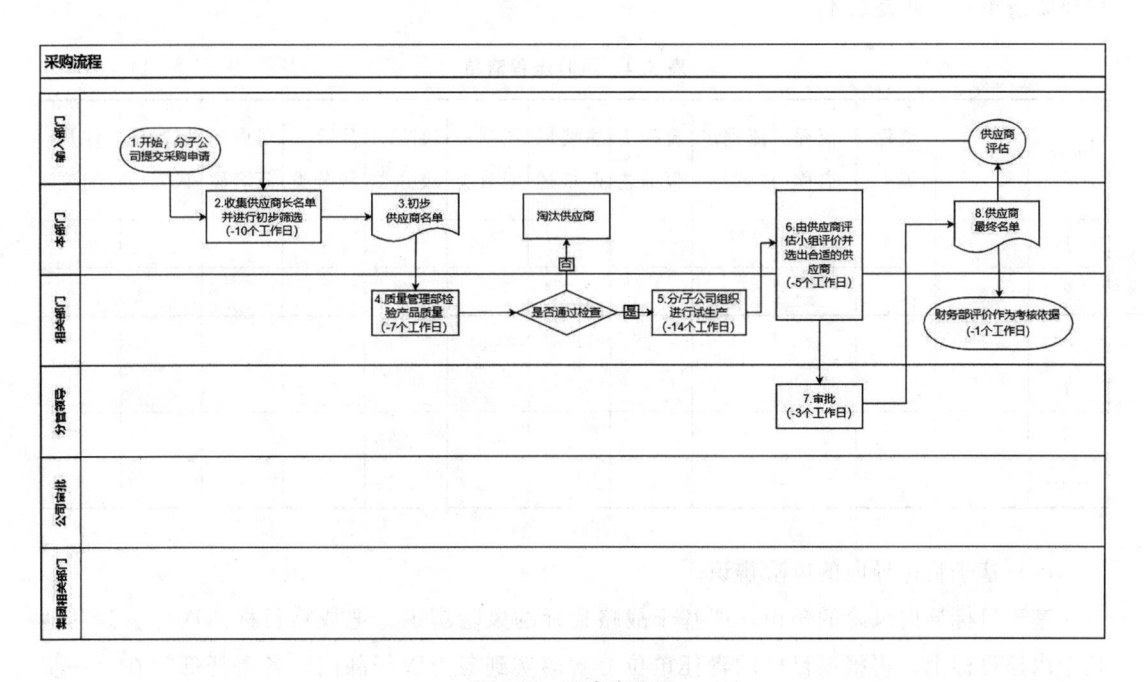

图 5.3 采购流程图

表 5.3　采购流程风险辨识表

流程主要活动	可能的风险事项	纳入风险辨识框架
2 收集供应商长名单并进行初步筛选	遗漏优质价廉的供应商	运营类风险—供应链风险—供应商管理风险
4 质量管理部检验产品质量	实际产品质量达不到生产要求	市场类风险—市场供应风险—物料质量风险
5 分/子公司组织进行试生产		
6 由供应商评估小组评价并选出合适的供应商	过度依赖一家供应商，造成今后业务的被动	市场类风险—市场供应风险—垄断供应风险
9 财务部计价备案	财务价格监督不够（运营风险—采购）	运营类风险—供应链风险—成本控制风险

对公司全部流程进行风险识别后，还要对识别出的风险点对应该流程的配套规范记录现有控制状况，为下一步的风险分析工作做准备。流程风险辨识工作的最终结果是输《流程风险清单》，见表 5.4。

表 5.4　风险流程清单

序号	部门	流程编号	流程名称	流程步骤号	流程步骤描述	主要风险描述	风险一级分类	风险二级分类	风险三级分类	对应规范名称	控制现状分析	涉及岗位
1												
2												
3												
4												
5												
……												

（2）基于目标导向的风险辨识。

基于目标导向风险的辨识，即基于战略目标的风险辨识。把战略目标二次分解到其他几个内控目标上，再根据目标的责任单位分解落实到各个责任部门。各责任部门在上一步风险初始信息收集的基础上，识别左右目标达成的风险点，对其进行整理后输出风险清单。

通常采用的方法有鱼骨图法，具体例子见图 5.4。

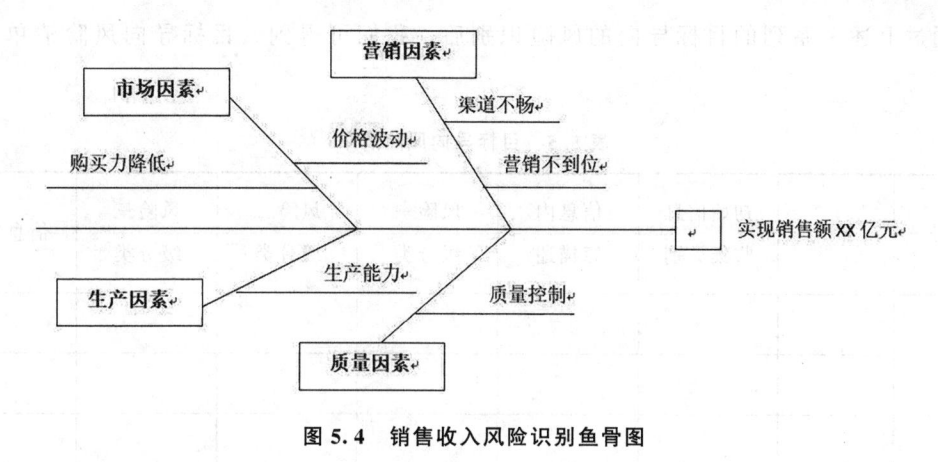

第 5 章 轨道车辆生产内部控制体系优化

图 5.4 销售收入风险识别鱼骨图

PEST 分析法，按照相关变量围绕公司所在行业，对宏观因素进行全面分析，进而探究影响公司的战略目标实现的各个风险，具体例子见图 5.5。

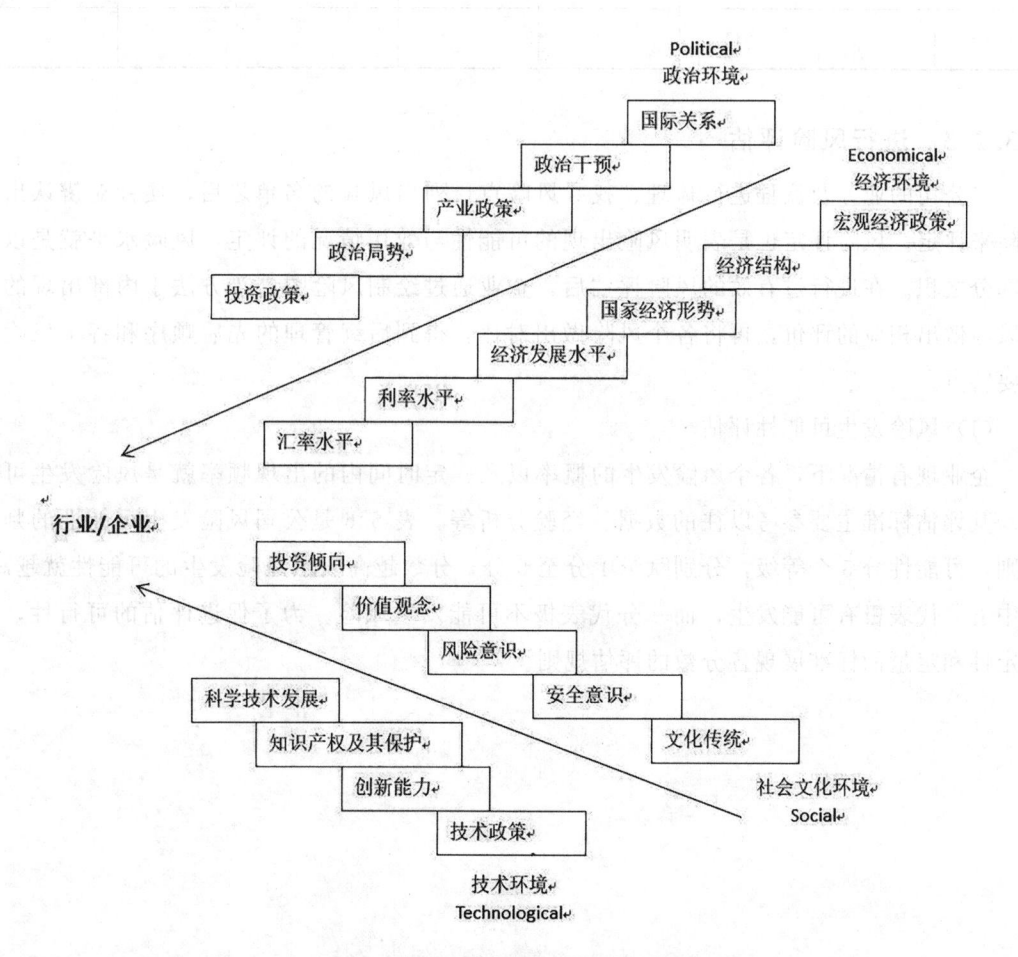

图 5.5 宏观因素 PEST 风险识别图

通过上述一系列的目标导向的风险识别后，我们可得到《目标导向风险清单》，见表 5.5。

表 5.5 目标导向风险清单

序号	部门	初始信息收集类别	信息内容描述	风险一级分类	风险二级分类	风险三级分类	信息渠道
1							
2							
3							
4							
5							
……							

5.3.2.3 进行风险评估

对公司的业务及流程进行梳理、找寻风险点，列出风险的名单之后，便针对辨认出的风险来评定。风险评定也是表明风险出现的可能性与效用情况的评定，风险水平就是以上两部分之积。在进行过有效的风险评估后，企业通过绘制风险图谱等方法于内部出现的各项风险做出相应的评价，再将各个风险做出对比，得到后续管理的先后顺序和各个风险的主要特点。

（1）风险发生可能性评估

企业现有情况下，各个风险发生的概率以及一定时间内的出现频率就是风险发生可能性。其评估标准主要参考以往的数据、经验分析等。表 5.6 是公司风险发生可能性的判定规则，可能性分 5 个等级，分别赋予 1 分至 5 分，分数越高表示风险发生的可能性就越高。其中五分代表极有可能发生，而一分代表极不可能发生风险。为了促进评估的可行性，通过定性和定量的标准展现各分数的评估规则。

表 5.6 风险发生可能性判别规则表

分数		1	2	3	4	5
评估方法	评估标准	风险发生的可能性极低	风险发生的可能性很小	风险有可能发生	风险很有可能发生	风险极有可能发生
定性方法	针对日常运营中可能发生的潜在风险	一般情况下不会发生	极少情况下发生	某些情况下发生	较多情况下发生	经常会发生
	适用于大型灾难、自然灾害或重大事故	今后3年内发生的可能少于1次	每年至少发生1次	每半年至少发生1次	每季度至少发生1次	每1个月至少发生1次
	针对外部风险,如战略风险、市场风险等	近期不可预知变化趋势	近期不可预知变化趋势	近期可预知变化趋势,但在内部没有达成共识	近期可预知变化趋势,但缺乏有力的理论支持	近期可预知变化趋势,并且有数据支持
定量方法	使用与可以通过历史数据统计出一定时期内风险发生概率风险	$X<10\%$	$10\%\leqslant X<20\%$	$20\%\leqslant X<40\%$	$40\%\leqslant X<70\%$	$X\geqslant 70\%$

(2) 风险影响程度评估

预测风险发生后给企业实现战略或运营目标带来的变化,就是风险的影响程,对其分析可以运用定性和定量的方法。公司风险发生可能性评估标准如表 5.7。图中的影响程度分 5 个等级。每个等级代表的分数从低到高为一分到五分,如果分数高,就说明产生的影响大,图中列出了每一个级别的参照水平和程度。

表 5.7 风险危险程度判别规则表

分数 评估方法		1	2	3	4	5
	评估标准	轻微的影响	较小的影响	中等的影响	较大的影响	重大的影响
定性方法	人员安全与健康	造成个别人员轻微损伤	对人员健康造成伤害但没有构成伤残	造成人员伤残或导致职业病	造成1人以上人以上人员死亡，或导致严重职业病	一次死亡3人以上（含）的重大事故
	环境保护	对环境和社会造成短暂的影响，但暂时可不采取行动	对环境或社会造成一定影响，应通知有关政府部门	对环境或社会造成中等影响，需要一定时间才能恢复，出现个别投诉事件；应执行一定的补救措施	对环境或社会造成很大相当的时间才能恢复出现大规模的公众投诉；应执行重大补救	无法弥补的灾难性环境损害，激起公众的愤怒；潜在的大规模公众法律投诉
	管理难度	此风险可在事前进行防范，处于可控状态	此风险可在事前进行防控，但事前防范有一定难度	此风险可在事前进行防范。但需要完善现有应对方案	此风险现阶段在事前不能进行防范，需要进行应对方案改进	此风险不能在事前进行防范，没有可行的应对方案
	经营目标	影响某一个一般管理类目标的实现	影响某几个一般管理类目标的实现	影响某一个重要管理类目标的实现	影响某几个重要管理类目标的实现	影响部分重要管理类目标的实现
	公司声誉	负面消息在企业内部流传；企业声誉没有受损；基本不会引起合作伙伴和公众的关注	负面消息在当地局部流传；对企业声誉造成轻微损害，引起监管机构、少数合作伙伴和少数公众人物关注负面消息	负面消息在某区域流传；对企业声誉造成巨大损害，部分收紧同公司合作条件或暂停合作；员工工作效率效果降低	负而消息在全国各地流传；对企业声誉造成巨大损害；被监管机构通报或公开谴责；主要合作伙伴关注公司负面消息，暂停或停止同公司合作	负面消息在海内外流传，企业声誉造成无法弥补的损害；被监管机构勒令停业整顿；大部分合作伙伴暂停或停止同公司合作；引发群体性事件

续 表

分数		1	2	3	4	5
定量方法	税前利润损失	X<1%	1%≤X<5%	5%≤X<10%	10%≤X<20%	X≥20%
	日常运营	成本超出预算<1%,对运营影响微弱	成本超出预算1%-5%,对运营影响轻微	成本超出预算5%-10%,减慢营业运作	成本超出预算10%-20%,无法达到部分业绩指标	成本超出预算>20%。无法达到大部分运营及关键业绩指标

经过对公司的全部流程和战略目标进行评估别后，我们要输出《流程风险评估表》、《目标导向风险评估表》，见表5.8和表5.9。

表5.8 流程风险评估表

序号	部门	流程编号	流程名称	流程步骤号	流程步骤描述	主要风险点描述	风险发生的可能性	可能性描述	风险发生的影响程度描述	影响程度	风险水平	风险一级分类	风险二级分类	风险三级分类	对应规范名称	控制现状分析	涉及岗位
1																	
2																	
3																	
4																	
5																	
...																	

表5.9 目标导向风险评估表

序号	部门	主要风险点描述	风险发生的可能性	可能性描述	风险发生的影响程度	影响程度描述	风险水平	风险一级分类	风险二级分类	风险三级分类	对应规范名称	控制现状分析	涉及岗位
1													
2													
3													

续　表

序号	部门	主要风险点描述	风险发生的可能性	可能性描述	风险发生的影响程度	影响程度描述	风险水平	风险一级分类	风险二级分类	风险三级分类	对应规范名称	控制现状分析	涉及岗位
4													
5													
…													

(3) 绘制风险图谱

根据《流程风险评估表》中可能发生的风险水平，制作公司的风险图谱。图谱以坐标轴的形式体现，横轴为发生的可能性，纵轴为影响程度，如图 5.6 所示，这样能够更为客观地表现出各个风险在企业层面的重要级别，和对其进行管控的急迫程度。

高	很高	5	中	中	高	高	高
	较高	4	中	中	中	高	高
中	中	3	低	中	中	中	高
低	较低	2	低	低	中	中	中
	很低	1	低	低	低	中	中
			低		中		高
影响程			很低	较低	中	较高	很高
	发生可能性		1	2	3	4	5

图 5.6　风险图谱

该图分为高等级风险即重大风险（红色区域风险），中等级风险（黄色区域风险），低等级风险（绿色区域风险）。在不同的风险等级上，公司的管理险，即当前情况下公司需要努力重视，优先分配管理资源、努力提升风险管控水准、改善风险管理效果的风险；中等风险也就是企业管控资源分配优先级为中的风险，即公司需参考风险变动局势继续注意，并对应调动管理资源、保证风险管理效果的风险；低风险的就是公司管理资源分配优先级为低的风险，公司可以继续保持目前的管理状态，同时考虑向其他风险增加管控资源，降低本风险的资源使用。

通过对公司进行全面风险评估后，我们找到了影响公司目标实现的风险点；通过对其在发生可能性与影响程度这两个维度进行分析后，我们初步得到公司面临的风险点的风险水平；通过对风险水平进行排序后，我们就要对一定风险水平之上的风险点的内部控制措施按照以往的方法设置控制措施，本次内部控制优化工作的重要内容优化完毕。

5.3.3 公司内部控制体系优化的保障措施

公司内部控制体系的优化工作是一项系统工程，需要全公司各部门共同完成，其实施过程要有严密的逻辑和程序，并提供相应的保障措施。

5.3.3.1 公司内部控制体系优化的组织保障

为了内部控制优化工作能够有组织、有秩序地规范开展，要建立内部控制优化工作组织体系。内部控制工作组织体系由领导团队和执行团队组成。

（1）领导团队

领导团队由公司董事会下设的审计委员会担当，下设立领导小组。审计委员会是内部控制体系优化工作中的最高权力机构，监督优化工作的实施过程是其主要的工作内容，项点主要有优化工作的立项可研、时间进度、工作质量、最终验收。在优化工作的推进过程中，还要掌握优化工作的进展情况，对一些重大问题通过召开专项会议的形式进行协调和解决。

领导小组的职责是承接审计委员会的日常工作，包括审批优化工作的推进计划、协调优化工作推进进程中的资源分配、监督控制优化工作的常规运行、支持优化工作办公室高效、有序地推进各项工作。组长由公司的高级管理人员担任，建议由负责内控工作的高管出任；副组长由各项业务的公司级主管领导出任，充分体现公司最高领导层对优化工作的重视。

（2）执行团队

执行团队下设优化工作办公室和流程小组。优化工作办公室，主要负责统筹优化工作实施过程中所需要的资源、步骤和时间。优化工作办公室主任及相关工作人员的具体职位要求必须高，协调能力要突出，经验多，业务水平还要好，这样才能及时稳妥地处理来自各方的不同意见，并解决。其职责有两部分内容构成，一是统一工作标准、提供技术服务，二是优化工作的执行和行政管理。统一工作标准就是统一内控优化过程的工作语言、技术标准，根据优化工作的实际情况出台技术指引，对工作人员和有关部门进行培训，对于各个流程小组在工作过程中遇到的专业问题进行解答，并对其工作进度和成果进行审查。二是优化工作的执行和行政管理，主要是对优化工作的计划和完善、工作过程中的小组人员分配、工作过程中工作成果的整理和归档、对一些工作费用的管理等。

流程小组，是按照公司的组织架构和业务分工进行小组分工的，比如生产小组、采购小组、财务小组、销售小组等。优化工作办公室评估每个人的能力和专业素质选出小组组长。每组的组长需要负起责任，要将项优化工作办公室的规划和命令落到实处，同时还要安排好组员的具体任务，在组员完成任务后，对其成果进行检查，还要做好跟优化工作办公室的协调与交流的工作。

5.3.3.2 公司内部控制体系优化的培训保障

业务培训是提高内控优化工作的重要途径。培训包括执行团队的培训和公司其他参与部门的培训两个部分。

执行团队是执行本次优化工作的核心主力，对他们培训侧重于内部控制技术的培训，培训的形式可以灵活多样，通过统一技术语言和技术，使执行组成员知道干什么、怎么干，以角色扮演、小组讨论等为载体开展，目的是确保优化工作顺利进行。

其他参与部门是本次优化工作能够顺利推进的支持与配合单位，对他们的培训侧重于了解基于风险管理和内部控制体系建设的意义和通行做法，培训的方式多以课堂式讲授为主，目的是营造良好氛围。

5.3.3.3 公司内部控制体系优化的考核保障

为了保证优化工作能够及时、高质量地按照既定的方案执行，考核是必不可少的有力保障。在本次优化工作中，考核针对执行团队和相关部门两大主要参与者。

对执行团队的考核，要制定执行团队考核管理办法，主要侧重于工作能力和工作业绩，因为这部分人是此次优化工作主要任务的承接者。具体的考核方案要有明确的考核周期，考核指标要具体可衡量，兑现奖惩的方式要能快速地调整工作产出，提高工作业绩，考核结果要在公司内部网站定期公布。

对相关部门的考核，重点考核资料提供的及时性、准确性、流程梳理的严禁性、内部控制基础知识的掌握性、影响优化进度的各种事项，并将结果上报公司例行月度绩效考核办公室，进行日常考核。

5.3.3.4 公司内部控制体系优化的验收保障

经过全面风险评估后，公司找到了影响内部控制目标实现的各风险因素，内部控制优化的重要内容已经基本完成，剩下的工作就是按照首次建设的步骤进入内控措施设计阶段。那么本次优化后的内部控制措施是否有效、能否合理保证公司目标的实现，公司还要对此次优化工作进行专门的验收。

（1）组成验收工作组

本次验收工作建议有审计部门来完成，牵头组成验收工作组，并选定工作组组长一名。验收工作组是临时性的组织，成员来自各业务及职能部门。成员对本单位的内控验收工作须回避。

（2）制定验收方案

审计部门制定科学合理的验收方案。方案须强调工作的执行效率和执行效果，主要内容要涵盖目的、范围，还要在方案中给出验收的标准、具体使用的方法，最后要对验收工作的进度、责任人有明确的要求，另外要把重点放在此次全面风险评估中新发现的风险点以及高风险点上。

（3）下发验收通知

审计部门起草、下发验收通知及实施方案。验收通知的内容主要包括：评价目的和范围、评价时间、被验收单位应提供的具体资料和其他必要的协助等。接受验收的部门、所属单位在接到验收通知书后，收集资料、指定访谈接待人员，做好前期准备工作。

（4）编制验收工作基础表

验收工作组验收的重要载体就是公司各项业务执行的各项流程，因此要对其系统梳理，结合验收工作重点，编制验收工作基础表，验收工作要注明验收过程中必须执行的步骤，特别要强调对应的方法，使得验收工作易于操做。验收工作组组长必须审核验收工作。

（5）实施现场检查测试

验收工作组按照验收工作表的要求开展数据资料收集、访谈调研及其他检查测试工作，对被验收单位内部控制设计与运行有效性进行现场测评，取得相关证明材料，并编制《穿行测试表》和《控制测试表》。验收工作组在验收过程中，遇到问题应及时向审计部门报告。审计部门应及时协调和解决现场验收中遇到的问题。

（6）汇总验收结果，完成现场验收报告

验收工作组形成现场验收报告。工作底稿应由工作组组长审核签字。现场验收报告应包括验收评价整体情况、发现的问题及评价依据、内部控制缺陷认定情况以及对被验收单位提出的意见和建议等内容。验收工作组汇总各验收人员的验收资料后，形成对本次验收活动的评价结论，并将结果进行公开通报。被验收单位负责人进行确认后，报审计部门。

验收工作所需表单见表 5.10、5.11、5.12、5.13、5.14。

表 5.10　验收工作表

公司名称	公司		编制日期	2018 年 4 月 25 日
编制人	张三		评价组长	李四（评价组组长）
流程名称	采购业务流程			
涉及部门	物资管理部、财务部、审计法务部等			
涉及制度	《物资采购管理规定》			
评价重点关注项点	新增及主要风险点描述： 1. 供应商的选择过程 2. 价格审核流程			
工作内容	工作步骤	执行人	执行日期	执行结果	关联文档
访谈	1. 了解流程相关制度或规定的变化情况，确定访谈的重点	张三		已执行	
	2. 确定访谈题纲及受访人员名单				
	3. 执行访谈并记录访谈内容		2018.05.01		访谈底稿
穿行测试	1. 获取相关交易台账				
	2. 随机选择一笔完整交易				
	3. 执行穿行测试，填写测试底稿	张三	2018.05.05		穿行测试表
控制测试	1. 了解业务流程中关键控制点				
	该流程中共有控制点 8 个，此次需要测试的控制点 4 个，编号为＊＊＊。				
	2. 确定需要测试的控制点及抽样方法、数量				
	3. 执行抽样				
	4. 确认样本控制情况，填写底稿		2018.05.06		控制测试表
缺陷结论	1. 进行缺陷认定				缺陷认定表
专题讨论	1. 召开缺陷整改专题讨论会，形成缺陷整改方案				
根据需要添加					

表 5.11 访谈工作表

公司名称			公司		
受访部门	物资管理部		访谈日期		2018年5月1日
受访人姓名	王五		受访人职务		采购主管
访谈事项					
访谈内容					
1. 公司是否有供应商管制制度 2. 供应商准入是否流程并介绍 3. 公司选择的原则是什么并介绍 4. 供应商选择的程序是什么并介绍					
受访人签字：	王五		评价人员：		张三

表 5.12 穿行测试工作表

司名称	公司	流程名称	采购业务流程	测试日期	2018年5月5日	评价人员	张三
序号	验证文档编号	验证文档时间	验证文档名称	穿行测试步骤	控制点索引	异常情况	备注
1	每个验证文档编号唯一	样本发生时间	按照控制活动描述和评价方法中要求文档名称填写	评价方法列示的步骤填写	控制点编号	该验证文档是否发现异常，填写"是"或者"否"	
2							
3							
4							
5							
测试结论							
评价员签字	张三	评价组长		日期			

表 5.13 控制测试工作表

索引号：

部门名称			测试日期	2018 年 5 月 6 日
测试日期			评价人员	
流程编号及名称	采购业务流程		评价组长	
控制点编号及名称				
控制活动描述				
测试步骤	A			
	B			
	C			
	……			
测试文档名称	事项发生频率	样本数量	抽样方法说明	控制方式

样本编号	日期	样本描述	抽取的样本是否按照控制活动得要求记录和执行					样本测试结论	备注
			A	B	C	D	…		

缺陷比例%	如果缺陷大于 20%，则测试结论为无效
例外说明	
测试结论	有效 or 无效
缺陷描述	对缺陷情况进行具体描述
改建建议	

表 5.14 内控缺陷认定工作表

索引号：

	内控缺陷基本情况
被评价单位	物资管理部	评价单位：	评价工作组	评价时间：
课程名称	采购业务流程			
	缺陷描述：
	缺陷原因：
缺陷类型		1. 设计缺陷 2. 执行缺陷
	内部控制缺陷初步认定
是否与财务报告相关	1. 是 2. 否	财务报告重要性水平		
	缺陷的组合效果：
是否存在补偿性措施	1. 是 2. 否	补偿性措施执行有效性	1. 有效 2. 无效	
	补偿性措施描述：
内控缺陷涉及金额	违规金额	管理不规范金额	会计处理不当金额	直接损失浪费金额
	对实现目标的影响及认定依据：（内控五个目标）
缺陷初步认定结论		1. 一般缺陷 2. 重要缺陷 3. 重大缺陷
评价人		评价组长	被评价单位负责人	

参考文献

[1] 财政部 证监会 审计署 银监会 保监会关于印发《公司内部控制基本规范》的通知. 财会〔2008〕7号

[2] 财政部 证监会 审计署 银监会 保监会关于印发《公司内部控制配套指引》的通知. 财会〔2010〕11号

[3] 曹欧琳, 张春元. 关于企业内部控制环境的研究——以W公司为例 [J]. 中国商论, 2017 (18): 100-102.

[4] 常淑华. 企业内部控制研究——基于A企业的分析 [J]. 全国商情, 2016 (30): 16-20.

[5] 陈海平, 毛倩. 内部控制国内外文献综述 [J]. 科技资讯, 2016, 14 (24): 65-67

[6] 陈晗. 内部控制与风险管理探析 [J]. 当代会计, 2017 (07): 56-58.

[7] 陈华明. 如何优化全面风险管理体系 [J]. 企业管理, 2016 (04): 96-97.

[8] 陈俊, 王曙光. 企业内部控制的优化 [J]. 审计与经济研究, 2009, 3: 92-95.

[9] 陈新梅. 国有企业内部控制建设的探讨 [J]. 时代金融, 2015 (03): 115.

[10] 陈志红. 内部控制体系优化研究 [D]. 中央民族大学, 2017.

[11] 德勤华永会计师事务所公司风险管理服务组. 构建风险导向的内部控制 [M]. 北京: 中信出版社, 2009.

[12] 窦冰. 风险管理方法在内部控制体系中的应用研究 [J]. 企业改革与管理, 2015 (15): 4+12.

[13] 方红星, 池国华. 内部控制 [M]. 3版. 大连: 东北财经大学出版社, 2017.

[14] 冯浩, 王璐. 论COSO内部控制框架中风险评估的变化与启示 [J]. 财政监督, 2016 (14): 97-99.

[15] 郭建壮. 信息化环境下电网企业内部控制的研究 [D]. 武汉纺织大学, 2014

[16] 国务院国有资产监督管理委员会关于印发《中央企业全面风险管理指引》的通知. 国资发改革〔2006〕108号

[17] 侯莹. D制造企业内部控制优化 [D]. 南京师范大学, 2017.

[18] 贾思威. 基于战略导向的XH集团内部控制研究 [D]. 华东理工大学, 2018.

[19] 蒋晓梅，唐予华．内部控制制度与会计信息［J］．上海会计，2012（11）：3－5．

[20] 李连华．内部控制学［M］．厦门：厦门大学出版社，2007．

[21] 李明．公司内部控制与风险管理［M］．北京：经济科学出版社，2007．

[22] 李明辉．内部公司治理与内部控制［J］．中国注册会计师，2013（11）：22－23．

[23] 李三喜．基于风险管理的内部控制［M］．北京：中国市场出版社，2013．

[24] 李志超．基于风险管理的L公司内部控制研究［D］．沈阳大学，2018．

[25] 林朝华．内部会计控制若干理念剖析［J］．上海会计，2012（9）6－9．（作者单位：华东交通大学）

[26] 林兢，苏金香．内部控制缺陷的判定——基于COSO新内部控制框架研究［J］．财会通讯，2016（12）：111－117＋129．

[27] 林一帆．我国国有企业集团内部控制问题研究［D］．财政部财政科学研究所，2014．

[28] 林钟高，郑军．基于契约视角的企业内部控制研究［J］．会计研究，2012（10）．

[29] 陆一波．XJY集团风险导向内部控制制度优化研究［D］．南京大学，2017．

[30] 潘玉琪．全面风险管理视角下的企业内部控制体系研究［J］．中国内部审计，2016（08）：44－46．

[31] 秦霞．国有企业内部控制制度的问题及对策［J］．财经界（学术版），2015（04）：107．

[32] 上海证券交易所关于发布《上海证券交易所上市公司内部控制指引》的通知．2006

[33] 深圳证券交易所关于发布《深圳证券交易所上市公司内部控制指引》的通知．2006

[34] 时晋．公司治理、内部控制与审计职业判断［D］．云南财经大学，2018．

[35] 舒伟，左锐，陈颖，文静．COSO风险管理框架的新发展及其启示［J］．西安财经学院学报，2018（05）：41－47．

[36] 孙娜，李晓．国外内部控制文献综述与启示［J］．财会研究，2009（05）：66－68．

[37] 孙友文．首次全面解析2017COSO正式版《企业风险管理框架》［J］．工业审计与会计，2017（Z2）：7－10．

[38] 王凯．COSO－ERM（2017）视角下辉山乳业内部控制体系优化研究［D］．山东大学，2018．

[39] 王晓玲．基于风险管理的内部控制建设［M］．北京：电子工业出版社，2010．

[40] 吴水彭，陈汉文，邵贤弟．企业内部控制理论的发展与启示［J］．会计研究，

2010（4）.

[41] 谢志华．内部控制、公司治理、风险管理关系与整合［J］．会计研究，2013（10）：51－63.

[42] 徐虹．内部控制战略导向：一种基于资源基础观的分析［A］．中国会计学会．中国会计学会财务管理专业委员会2009年学术年会论文集［C］．中国会计学会：中国会计学，2009：12.

[43] 阎达五，杨有红．内部控制框架的构建［J］．会计研究，2001（02）：9－14＋65.

[44] 颜世伟．论企业内部控制建设的考评管理［J］．财会学习，2018（23）：239＋241.

[45] 杨纪红．COSO风险管理框架演进及其新进展［J］．新会计，2017（5）：62－64.

[46] 应月英．试论国有企业建立内部控制制度的重要性及解决对策［J］．现代经济信息，2014（22）：75－76.

[47] 于吉永．内部会计控制制度设计与运行［M］．上海：立信会计出版社，2007.

[48] 余若勋．关于完善国有企业内部控制措施的探究［J］．财经界（学版），2014（01）：41＋43.

[49] 张灿．企业内部控制评价概念框架构建［J］．企业改革与管理，2015（12）：28.

[50] 张庆龙．内部审计理论与方法［M］．北京：中国时代经济出版社，2005.

[51] 张先治，戴文涛．中国企业内部控制评价体系研究［J］．审计研究，2011.1.

[52] 张砚．内部控制历史发展的组织演化研究［J］．会计研究，2012（2）76－81.

[53] 张毅．新形势下制造业内部控制体系的构建与完善［J］．现代经济息，2018（15）：73.

[54] 张颖，郑洪涛．我国企业内部控制有效性及其影响因素的调查与分析［J］．审计研究，2010.1：75－81

[55] 赵宗凯．M供电公司财务内部控制方案设计［D］．吉林大学，2014.

[56] 郑石桥．内部控制鉴证目标：理论框架和例证分析［J］．会计之友，2017（14）：122－126.

[57] 周婷婷，张浩．COSOERM框架的新动向——从过程控制到战略绩效整合［J］．会计之友，2018（17）：82－85.

[58] 李雪梅．浅谈施工企业项目责任成本管理［J］．企业管理，2009，4：159.

[59] 刘国靖，孙林岩．国内装备制造企业项目管理导入模式研究［J］．工业工程与管理，2004（2）：2－3.

[60] 李晋泽，陈小安．项目管理在大型复杂科研装备生产中的应用［J］．机械制造，

2008（4）：58-60.

[61] 王立，王强. 项目管理与项目成本控制［J］. 科技信息，2008（12）：283-284.

[62] 何燕，何淼. 浅议项目管理的重点［J］. 科技资讯，2008（3）：197.

[63] 焦跃华. 现代成本控制战略思想研究［J］. 临沂师范学院报，2011，24（3）：130-132.

[64] 韩址清，王洪漠. 基于现代价值链理论的成本控制［J］. 中国农业会计，2005，（2）：20-22.

[65] 许翰锐. 基于产品设计研发项目管理的制造业企业组织模式的构建［J］. 现代制造工程，2006（8）：24-26.

[66] 张月英，岳鹏飞. 项目组织结构选择研究［J］. 合作经济与科技，2009（10）：53-54.

[67] 袁经勇. 国内外项目管理现状及发展趋势［J］. 化工建设工程，2004（3）：68-69.

[68] 张永鑫. 浅析施工工程项目责任成本管理［J］. 企业改革与管理，2014（4）：169.

[69] 贺巧云. 城市轨道交通建设项目的投资控制与造价管理［J］. 中国建设信息，2007（7）：46-47.

[69] 赵学营. 浅谈施工项目管理与成本控制［J］. 建筑与工程，2008（28）：63-64.

[70] 刘志娟. 基于价值链的技术经济一体化成本控制系统之核算系统研究［J］. 会计之友，200（21）：4.

[71] 卢小燕. 论我国现行成本控制理论［J］. 湖北广播电视大学学报，2006（1）：38.

[72] 李百兴，何广涛. 新竞争环境下战略成本研究——基于价值链的视角［M］. 经济科学出版社，2011（3）：40-48.

[73] 周宁，谢晓霞，郑筠. 现代企业成本控制与优化［M］. 机械工业出版社，2012.3（4）.72-82.

[74] 刘卫华. 城市轨道交通运营成本控制研究［J］. 时代经贸，2013（22）：155-156.

[75] COSO. Enterpriseriskmanagement — integratedframeworkexecutivesummary［EB/OL］.（2004-09-29）［2018-01-08］. https：//www.coso.org/Pages/erm-integratedframework.aspx.

[76] COSO. Enterpriseriskmanagement — integratingwithstrategyandperformance（2017）executivesummary［EB/OL］.（2017-09-06）［2018-01-08］. https：//www.coso.org/Documents/2017-COSO-ERM-Integratingwith-Strategy-and-

Performance－Executive－Summary. pdf.

［77］ COSO. Enterpriseriskmanagement － integratingwithstrategyandperformance (2017) frequentlyaskedquestions ［EB/OL］. （2017－09－06） ［2018－01－08］. https：//www. coso. org/Documents/COSO－ERM－FAQ－September－2017. pdf.

［78］MichaelE. Porter；CompetitiveAdvantage［M］. Thetheoryofvaluechain, 1997. 2 (3)，35－38

［79］ClelandD；ProjectManagement：SDesignandImplementfion［M］. TheMcGraw－HillCompaines, 1999：3－5.

［80］AtkinsonR. Projectmanagement：cost, timeandquality, two best guesses and aphenomenon, itstimetoacceptothersuccesscriteria［J］. International Journal of Project Management, 1997 (17)：37－42.

［81］菅利荣, 刘思峰. 项目管理能力体系建设的研究［J］. 工业技术经济, 2006 (9)：108－111.

［82］BabuAJG, SureshN. Projectmanagementwithtime, cost, and quality considerations. European［J］. Operations Researeh, 1996, (88)：320－327.

［83］Javorcik, B. S., Does Foreign Direct Investment Increasethe Productivity of Domestic Firms? In Searchof Spilloversthrough Backward Linkages. American Economic Review, Vol. 94, No. 3, Jun. 2004, pp. 605－627.

［84］吴中春. 成本控制主题的发展：战略成本控制［J］. 现代管理科学, 2007 (02)：47－48.

［85］许定坤. 浅谈工程建设目标后评价指标体系［J］. 广东建材, 2010.5：222－224.

［86］魏树麾. 项目管理中的沟通管理［J］. 中国市场, 2010 (14)：38.

［87］王鹏. 责任成本管理的现状与未来［J］. 管理实践, 2013 (9)：72－74.

［88］徐涛. 推进全面成本控制促进企业效益提高［J］. 经营管理, 2003 (10)：62－64

［89］姚勤波, 韩日美. 工程项目责任成本管理管理方法与应用［J］. 建筑经济, 2008.12：28－30.

［90］高华, 朱俊文. 科技革命与现代项管理范式的创新［J］. 科技管理研究, 2008 (3)：258－259.

［91］张利, 郭志欣. 矩阵式项目组织结构的改良［J］. 中国高新技术企业, 2008 (06)：106－113.

［92］李国清, 刘明军. 施工定额在工程项目成本管理中的应用［J］. 大众科技, 2011 (03)：61－62.

[93] 王俊彪. 轨道交通装备制造业发展趋势分析 [J]. 中国铁道科学, 2011 (03): 131-135.

[94] 张小翔, 任立萍. 现代制造模式下制造业项目管理的创新研究 [J]. 商场现代化, 2008 (9): 86.

[95] Eric Schmidt, Jonathan Rosenberg. How Google Works [M]. Setting unreachablegoals, 2015: 214-215.

[96] 宋伟. 项目管理概论 [M]. 机械工业出版社, 2013.1: 153-157.

[97] 杨丽芳, 刘翠翠. 价值链视角下先进制造业成本管理体系的构建 [J]. 商业经济, 2014 (4): 42-43, 63.

[98] Peter Thiel, Blake Masters. Zero to One [M]. Application of Man-Machine Comple mentarit yin Company, 2015: 196-201.

[99] W. Edwards Deming. Out Of The Crisis [M]. 机械工业出版社, 2016. (4): 137-150.

[100] 王文斌. B型地铁鼓形车体进行有限元分析报告 [R]. 上海: 同济大学铁道与城市轨道交通研究院机车车辆研究所, 2011.

[101] 苏柯, 岳译新, 阮思维, 刘亚妮, 廖文洁. 宁波轨道交通1号线车辆车体结构优化设计 [J]. 电力机车与城轨车辆. 2013 (2): 26-29

[102] 崔殿国. 机车车辆可靠性设计及应用 [M]. 北京: 中国铁道出版社, 2008.

[103] 叶先磊, 史亚杰. ANSYS工程分析软件应用实例 [M]. 北京: 清华大学出版社, 2003.

[104] 赵洪伦. 轨道车辆结构与设计 [M]. 北京: 中国铁道出版社, 2009.

[105] 林业发. 优化设计在城市轨道车辆设备布置中的应用 [J]. 内燃机车. 2003 (12): 16-19

[106] 张斌瑜, 赵洪伦. 基于有限元分析的地铁车辆转向架构架优化设计 [J]. 计算机辅助工程. 2011 (2): 82-85

[107] 孙杰. 国内外轨道交通产业发展现状与对策 [J]. 江苏科技信息. 2007 (6): 50-52

[108] IEC62278-2002, Railwayapplications-Spec if ication and demon stration of Reliability, Availability, Maintain ability and Safety (RAMS). [S].

[109] 宴莉. 绿色未来—城市低碳化轨道交通 [J]. 生态经济. 2013 (12). 197-199

[110] 张勇. 节能降耗绿色低碳科学发展—2013年第二届城市轨道交通车辆专题研讨会 [C]. 城市轨道交通研究. 2013 (4).

[111] 陶林芳. 国内外城市快速轨道交通的现状与发展趋势 [J]. 上海建设科技. 2005 (5): 10-14

[112] 方方. 轨道交通: 国际化大都市的血脉—世界轨道交通发展现状与趋势［N］. 中国经济导报. 2011, 05, 21.

[113] 朱鹏飞. 北京地铁车辆轻量化设计研究［D］. 北京: 北京建筑大学, 2013.

[114] 李毅. 西安地铁2号线车辆及结构轻量化［J］. 铁道车辆. 2009（2）.

[115] 张中. 轻量化客室车座椅结构强度的计算机辅助分析［D］. 武汉: 武汉工程大学, 2013.

[116] 权英淑. 作业成本法的适用性分析［J］. 经济师. 2004（10）: 147-148

[117] 邱妘. 作业成本法和剩余能力管理［J］. 会计研究, 2014（5）: 67-70

[118] 孙昭. 作业成本法在企业风险管理成本核算中的应用研究［D］. 吉林大学. 2014

[119] 王斌, 高晨. 论管理会计工具整合系统［J］. 会计研究, 2014（4）: 59-64

[120] 王化成、佟岩、李勇. 全面预算管理［M］. 北京. 中国人民大学出版社, 2014

[121] 于天牧. 作业成本法和标准成本法的比较与融合［D］. 厦门大学. 2014